ARMOIRIES DES DUCS,

ET DE CEUS QUI ONT LES HONEURS DU LOUVRE

En Juillet 1722.

DES DUCHÉS-PAIRIES,

des Duchés simples & des Contés-Pairies.

IL n'y avoit autrefois que douze Pairs de France, sis Sèculiers & sis Eclèsiastiques.

Des sis Sèculiers, trois ètoient Ducs & trois ètoient Contes.

Les trois Ducs-Pairs Sèculiers ètoient

Le Duc de BOURGOGNE.

Le Duc de NORMANDIE.

Le Duc de GUIENE.

Les trois Contes-Pairs Sèculiers ètoient

Le Conte de TOULOUSE.

Le Conte de FLANDRES.

Le Conte de CHANPAGNE.

Des sis Eclèsiastiques, trois ètoient Ducs, & trois ètoient Contes.

Les trois Ducs-Pairs Eclèsiastiques ètoient

L'Archevêque de REIMS.

L'Evêque de LAN.

L'Evêque de LANGRE.

Les trois Contes-Pairs Eclèsiastiques ètoient

L'Evêque de BAUVAIS.

L'Evêque de CHALONS.

L'Evêque de NOYON.

Les Gouverneurs des Provinces & des principales Viles se nomoient autrefois Ducs ou Contes, ils se rendirent Souverains & hèreditaires sous les derniers Rois de la Maison de CHARLEMAGNE.

Les Vassaus qui relevoient immèdiatemant d'un Prince s'assanbloient tous avec lui pour decider des plus importantes afaires de son Etat, & pour terminer les procès les plus considerables, & come ils ètoient tous ègaus & pareils entre eus, on les nomoit Pairs de la Cour du Prince.

Il y a plusieurs opinions sur l'origine des douze anciens Pairs de France, la plus probable est qu'ils furent ètablis l'an 1179, lorsque le Roi LOUIS le Jeune fit sacrer son fils Filipe, que depuis on a nomé Filipe-Auguste. On croit que ce fut anviron cète anée-là, parce que ceus qui possedoient alors ces douze Pairies tant les Sèculiers que les Eclèsiastiques, ètoient presque tous parans du Roi; ce qui fait croire que ce fut à l'ocasion du Sacre que le nonbre & le rang des Pairies furent reglés, est que dans les cèrèmonies du Sacre la prèsèance ne se regloit autrefois que par le rang des des Pairies, par exanple au Sacre de CHARLE VI. Filipe Duc de BOURGOGNE en qualité de prèmier Pair, prècèda LOUIS Duc d'Anjou qui ètoit son frère aîné & Règent du Royaume.

Des sis Pairies Sèculieres, il y en a cinq rèünies depuis longtans à la Courone, comme on peut voir dans notre Carte des Rèünions, & pour la sisième qui est le Conté de Flandres, FRANSOIS I. cèda à CHARLE-QUINT tous les Droits qu'il y avoit; mais le Roi LOUIS le Grand en a repris la meilleure partie, & les Holandois en ont pris une partie sur le Roi d'Espagne.

Les sis anciens Pairs Eclésiastiques subsistent toujours; & come les sis Seculiers ne subsistent plus, on choisit de grands Seigneurs pour faire leurs fonctions au Sacre des Rois, ainsi au Sacre de LOUIS XIV. en 1654.

Monsieur reprèsenta le Duc de BOURGOGNE.

Le Duc d'Elbeuf reprèsenta le Duc de NORMANDIE.

Le Duc de Vandôme reprèsenta le Duc de GUIE'NE.

Le Duc de Bournonvile reprèsenta le Conte de TOULOUSE.

Le Duc de Rouanais reprèsenta le Conte de FLANDRES.

Le Duc d'Epernon reprèsenta le Conte de CHAMPAGNE.

A la place des anciènes Pairies rëünies à la Courone, les Rois ont crèé plusieurs Duchés & Contés-Pairies, d'abord pour des Princes du Sang, ansuite pour des Princes de Maisons Souveraines, puis pour des Gentilshomes.

Le Roi Filipe le Bel voyant que plusieurs anciènes Pairies Sèculieres étoient rëüniesà la Courone, en èrigea trois nouvèles en Septembre 1296. Savoir le Duché de Bretagne, le Conté d'Anjou, & le Conté d'Artois.

Dans la suite les Rois ont èrigé plusieurs nouvèles Pairies & des Duchés sans titres de Pairie.

Ces èrections ne se faisoient d'abord que pour des Princes du Sang; Les premieres Pairies qui ont èté èrigèes pour des Princes ètrangers, sont le Conté de Nevers qui fut fait Pairie en 1505 pour Engilbert de Clèves; Nemours qui fut fait Duché-Pairie en 1507 pour Gaston de Fois, & Guise qui fut fait Duché-Pairie en 1527 pour Claude de Loraine.

Le prèmier Duché-Pairie èrigé pour un Gentilhome est Monmoranci, qui fut èrigé en 1551 pour Ane de Monmoranci Conètable de France.

Le premier Duché simple èrigé pour un Prince ètranger est Bar en 1357, & le premier Duché qui ait èté donné à un sinple Gentilhome ètranger est celui de Touraine doné en 1423 à Douglas Ecossois.

On vêra dans nos Cartes tous les Duchés-Pairies, les Duchés simples & les Contés-Pairies qui ont èté èrigès par nos Rois.

Il y en a plusieurs qui ont été rëünis à la Courone, d'autres qui sont èteins & d'autres qui subsistent.

Quand une Têre a èté èrigée par le Roi en Duché-Pairie, en Conté-Pairie ou en Duché sinple, le Titre passe aux anfans si les Lètres ont èté anregistrèes en quelque Parlemant du Royaume. S'il n'y a point eu d'anregistrement le Titre ne passe point aux anfans, ordinairement il est porté par les Letres Patantes que le Titre passera aux anfans mâles, quelquefois il est porté qu'il passera aussi aux filles, & alors ces Duchès se noment des Duchès-femèles; mais cète grace s'acorde très-rarement.

Le Roi LOUIS le Grand, pour ne laisser aucun doute sur cet article a dèclaré par un Edit de Mai 1711, sa volonté en ces termes.

Par les termes d'Hoirs & Successeurs, & par le terme d'Aïant Cause tant insèrés dans les Lètres d'Erection ci-devant acordées, qu'à insèrer dans cèles qui pouroient être acordées à l'avenir, ne seront & ne pourront être entendus que les anfans mâles descendus de celui en faveur de qui l'Erection aura èté faite, & les Mâles qui en seront descendus de mâles en mâles en quelque ligne & dègré que ce soit.

Les Clauses gènerales insèrées ci-devant dans quelques Lètres d'Erection de Duché & Pairie en faveur des femèles, & qui pouroient l'être à l'avenir, n'auront aucun èfet qu'à l'ègard de cèle qui descendra & sera de la Maison & du nom de celui en faveur duquel les Lètres auront èté acordées, & à la charge qu'èle n'èpousera qu'une persone que Nous jugerons digne de possèder cét honeur, & dont Nous aurons agréé le Mariage par des Lètres Patantes adressées au Parlemant de Paris, & qui porteront confirmation du Duché en sa persone & en cèle de ses descendans mâles, & n'aura ce nouveau Duc rang & séance que du jour de sa reception audit Parlemant sur nosdites Lètres.

Permetons à ceus qui ont des Duchés & Pairies d'en substituer à perpetuité le Chef-lieu avec une certaine partie de leur revenu jusqu'a 15 mil livres de rente ausquèls le Titre & dignité desdits Duchès & Pairies demeurera annexé sans pouvoir être sujet à aucunes dètes ni dètractions de quelque nature qu'èles puissent être, après que l'on aura observé les formalités prescrites par les Ordonances pour la publication des Substitutions, à l'êfet de quoi dèrogeons au surplus à l'Ordonance de Moulins & à cèle d'Orleans, & à tous autres Ordonances, usages & Coûtumes qui poûroient être contraires à la prèsante disposition.

Permètons à l'aîné des Mâles descendans en ligne directe de celui en faveur duquel l'Erection dés Duchès & Pairies aura èté faite, ou à son dèfaut ou refus à celui qui le suivra immèdiatemant, & ansuite à tout autre mâle de degré en degré de les retirer des filles qui se trouveront en être proprietaires en leur en ranboursant le pris dans six mois sur le pied du revenu du denier 27 du revenu actuel, & sans qu'ils puissent être reçus en ladite dignité qu'aprés en avoir fait le payemant rèel & effectif, & en avoir raporté la Quitance.

Quand une Tère est èrigée en Pairie & que les Lètres sont anregistrées au Parlemant, les Apèlations du Juge du Seigneur vont droit au Parlemant dans le ressort duquel la Tère est située, & pour ce qui regarde la personne du Pair le seul Parlement de Paris en prand conoissance si les Lètres y ont èté anregistrées.

La plupart des Lètres d'Erection sont anregistrées au Parlemant de Paris. Il y en a pourtant quelqu'unes qui sont anregistrées en d'autres Parlemans, par exanple le Duché de Carignan a èté èrigé pour un Prince de la Maison de Savoie, les Lètres ont èté anregistrées au Parlemant de Metz.

Les Pairs ont séance au Parlemant où leurs Lètres sont anregistrées, ils y prènent leur rang suivant l'Edit de Mai 1711, du jour de la premiere reception & prestation de Sermant.

Ceus qui ont séance au Parlemant de Paris, l'ont dans tous les autres Parlemans du Royaume, & même au Grand Conseil.

Quand le Roi tient son Lit-de-Justice les sis anciens Pairs Eclèsiastiques sont à la gauche de Sa Majesté, & les Sèculers à sa droite après les Princes du Sang, dans les autres ocasions les sis anciens Eclèsiastiques sont assis du même côté que les Sèculiers, & en vertu de leur ancièneté ils prècèdent tous les Pairs qui ne sont pas de la Maison Royale.

Ceux qui ont obtenu du Roi des Lètres de Duché-Pairie ou de Duché sinple, ne laissent pas de joüir des honeurs du Louvre quoique leurs Lètres ne soient point anregistrées. On les nome comunèment Ducs à Brevets, terme qui vient de ce qu'autrefois les Rois donoient quelquefois des Brevets par lesquels ils promètoient de faire expèdier des Lètres. Le feu Roi n'a point fait expedier de pareils Brevets depuis qu'il fut Majeur.

Ce qu'on apèle les honeurs du Louvre consiste en plusieurs Privileges. Les Carosses de ceus qui [an] joüissent antrent dans les Maisons Royales, ils ont des Dais dans leurs maisons, le Roi leur ècrivant les traite de Cousin & met au bas de la Lètre, priant Dieu qu'il vous ait en sa sainte & digne garde, au lieu qu'en ècrivant aus Gentilshomes il met seulement en sa sainte garde, leurs fames ont des tabourets chèz la Reine, & des housses sur leurs Carosses.

Dans les Cèrèmonies de l'Ordre du St. Esprit les Ducs prènent leur rang du jour de l'anregistremant de leurs Lètres, & la Pairie n'y est pas nècessaire, & si leurs Lètres ne sont pas anregistrées, ils n'ont rang que come les autres Gentilshomes selon l'ancièneté de leur nomination par le Roi.

Autrefois les Princes du Sang n'antroient point au Parlemant à moins qu'ils ne fussent Pairs, & ceus qui l'ètoient n'avoient rang que selon l'ancieneté de leur Pairie; mais Henri III. en 1576 regla que les Princes du Sang antreroient au Parlemant en vertu de leur Pairie, & qu'ils y prècèderoient tous les autres Pairs sans avoir aucun ègard à l'ancièneté des Pairies; mais come il s'est trouvé des Princes du Sang qui n'avoient point de Pairie, on auroit pu leur disputer l'antrée au Parlemant en vertu de l'Ordonance de Henri III. Pour y remedier le Roi LOUIS le Grand par son Edit du mois de Mai 1711, regla que tous les Princes du Sang auroient droit d'antrée au Parlemant à l'âge de 15 ans, ancore qu'ils ne possedassent aucune Pairie, & qu'ils prècèderoient tous les autres Pairs.

Par une Dèclaration du 5. Mai 1694, le Roi acorda au Duc du Maine & au Conte de Toulouse ses fils legitimés d'avoir sèance au Parlemant après les Princes du Sang & avant tous les autres Pairs, & expliquant sa Volonté d'une maniere plus ètanduë dans l'Edit du mois de Mai 1711, il dit nos anfans legitimés & leurs anfans descendans mâles & qui possederont des Pairies reprèsanteront pareillement les anciens Pairs au Sacre des Rois après & au dèfaut des Princes du Sang, & auront droit d'Entrée & voix dèlibèrative en nos Cours de Parlemant, tant aus Audiances qu'au Conseil à l'âge de 20 ans en prêtant le Sermant ordinaire des Pairs avec sèance immèdiatemant après lesdits Princes du Sang, conformèment à la Dèclaration du 5 Mai 1694, & ils y prècèderont tous les Ducs & Pairs quand même leur Duché Pairie seroit moins ancien que celui desdits Ducs & Pairs, & en cas qu'ils aient plusieurs Pairies & plusieurs anfans mâles, leur permetons en se rèservant une Pairie pour eus d'en donner une à chacun de leursdits anfans si bon leur semble, pour en joüir par eus aus mêmes honeurs, rang, prèsèance & dignité, du vivant même de leur père.

Le Roi conserve quelquefois les honeurs du Louvre à des Ducs qui se dèmètent de leur Duché en faveur de leur anfant mâle, mais alors il n'y a que le fils qui ait sèance au Parlemant.

Quelquefois le Roi acorde les honeurs du Louvre à des gens qui n'ont point de Duché; Mais ils n'ont pas sèance au Parlemant.

Par une Ordonance de 1566 & par quelques autres, il est porté que les Tères érigées en Duché seront rèünies à la Courone au dèfaut d'Hèritiers mâles, & si les Rois ne dèrogeoint à cète Ordonance dans les Lètres d'Erection, ces Tères seroient rèünies à la Courone lorsque la dignité en est ètinte faute d'Hèritiers mâles.

Il n'y a que le Duché d'Uzès qui soit reversible à la Courone faute de Mâles, pour les autres Duchès les Rois ont dèrogé à l'Ordonance de 1566 & à d'autres pareilles.

ARMOIRIES

Des Prélats qui posſèdent les anciènes

PAIRIES ÈCLÉSIASTIQUES.

En Juillet 1722.

L'Archevêque DUC DE REIMS,

ROHAN.

L'Evêque DUC DE LAN,

CHARLES DE SAINT ALBIN.

L'Evêque DUC DE LANGRES,

CLERMONT TONÊRE.

L'Evêque CONTE DE BEAUVAIS,

SAINT AGNAN.

L'Evêque CONTE DE CHÂLONS,

TAVANE.

L'Evêque CONTE DE NOYON,

ROCHEBONE.

l'Archevêque de Reims
Rohan

l'Evêque de Lan

l'Evêque Duc de Langres

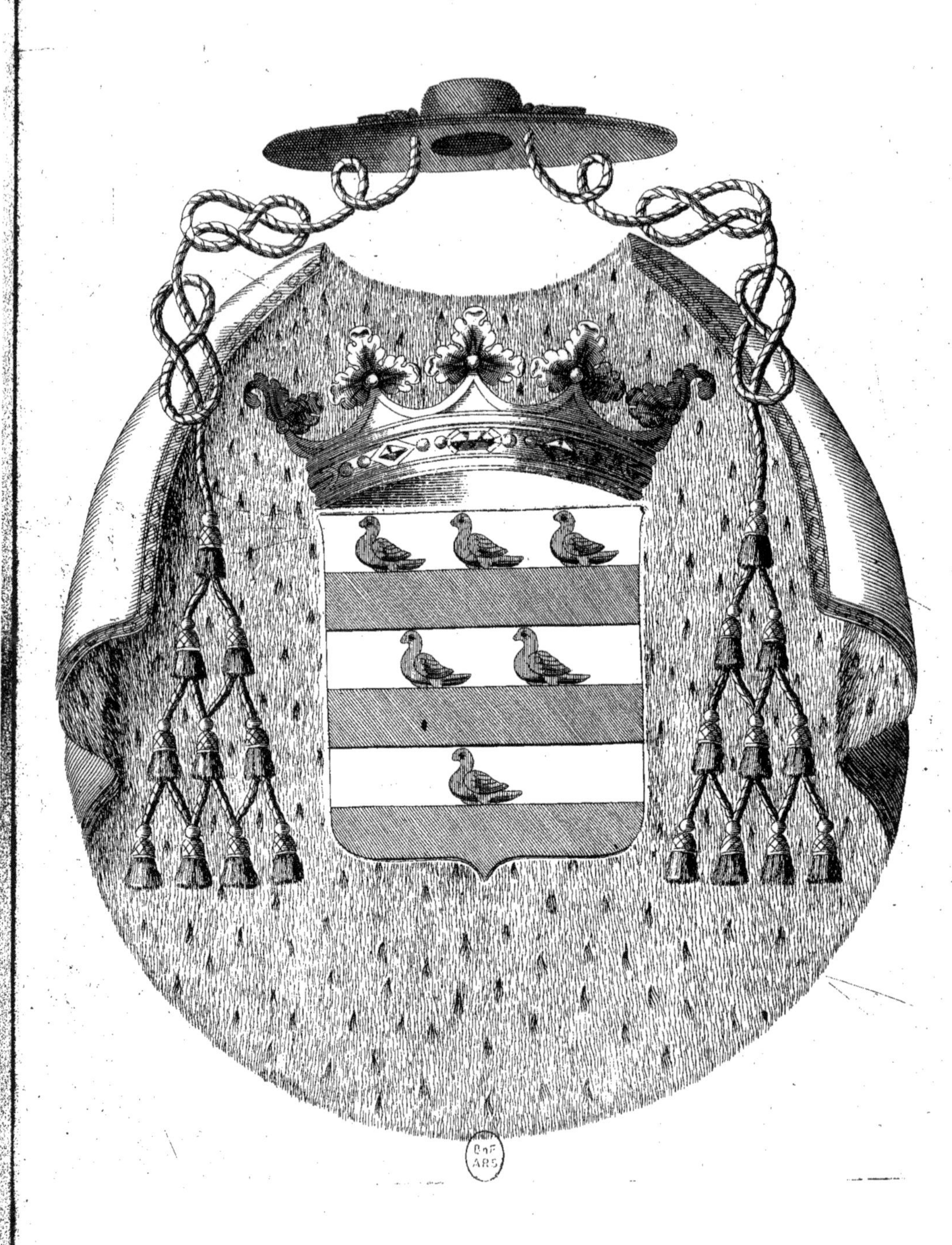

l'Evêque Conte de Beauvais
de S.t Agnan

l'Evêque Conte de Châlons
de Tavanes

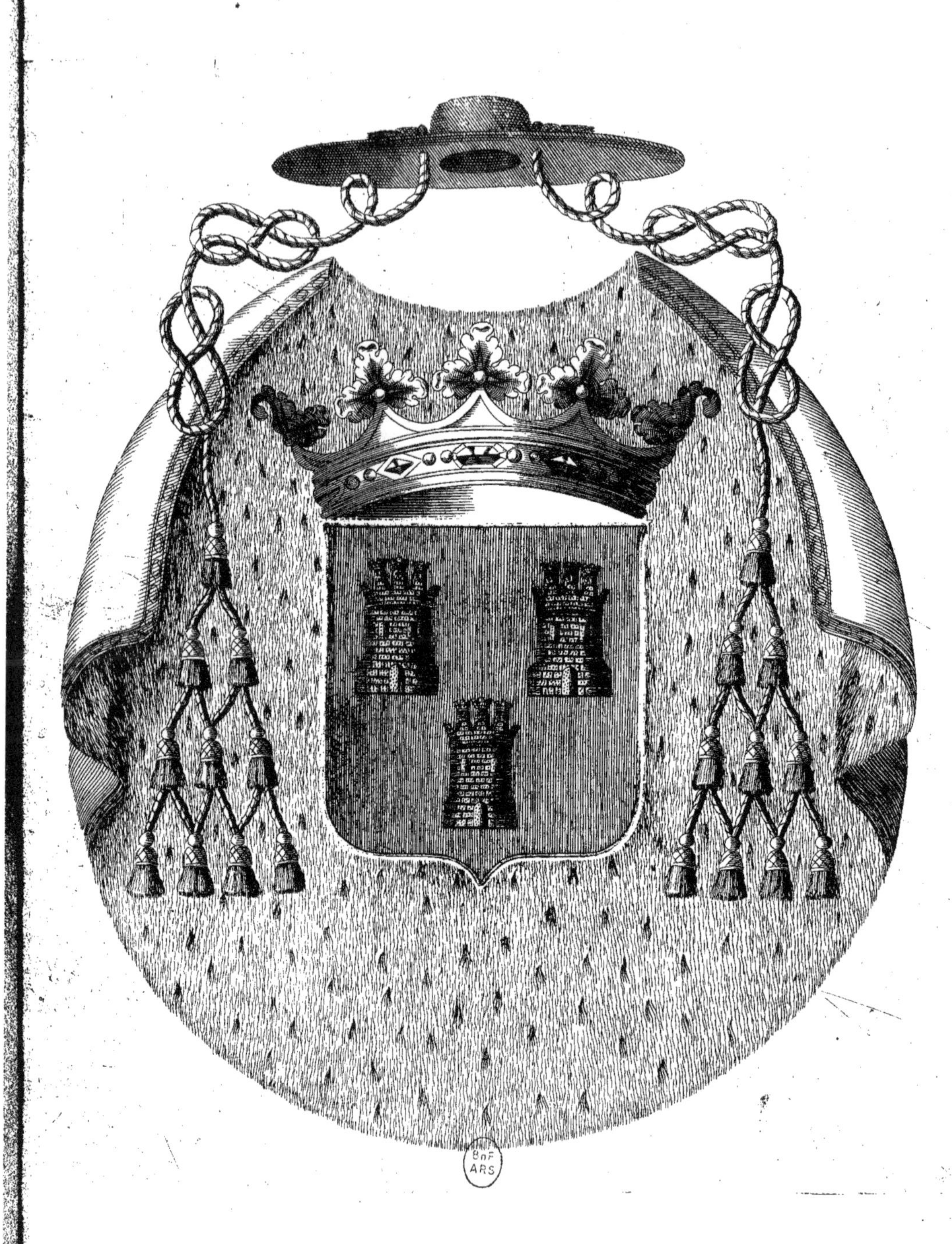

l'Evêque Conte de Noyon
de Rochebone

DUCS ET PAIRS,

dont les Lètres sont anregistrées au Parlemant.

LE Duc d'UZÉS.

Il est le plus ancien Pair Laïque, mais la Trimouille est le plus ancien Duc. C'est pourquoi à la Cèrèmonie des Chevaliers de l'Ordre 1689, le Duc de la Trimouille prècèda le Duc d'Uzès, parce que dans cète Cèrèmonie on a égard au Duché, & non à la Pairie. I.

Le Duc d'ELBEUF. II.

Il est de la Maison de Loraine, & tous ceus de cète Maison, tant les homes que les filles, ont les Traitemens de Princes & les honeurs du Louvre. Et lorsque les Princes de cète Maison sont Chevaliers de l'Ordre, ils prècèdent tous les Ducs ^ dans les Cèrèmonies de l'Ordre. Il n'y a plus que les Princes de cète Maison qui accompagnent les Ambassadeurs des Têtes couronnées aus Audiances publiques, & alors ils se couvrent devant le Roi toutes les fois que les Ambassadeurs se couvrent.

Le Prince de GUIMENE'. III.

Son Duché est *Monbazon*. Il est de la Maison de Rohan. Tous ceus de cète Maison, & même les filles, jouissent des honeurs du Louvre, & ont le Traitement de Princes.

Le Duc de la TRIMOUILLE. IV.

Son Duché est *Touars*. Le fils aîné & la fille aînée du Duc de la Trimouille joüissent des honeurs du Louvre.

Le Duc de SULLI. V.

Le Duc de LUINES. VI.

Il a de plus le Duché de *Chevreuse*, qui n'est registré au Parlemant que come Duché simple, & qu'on nome comunémant Duché de *Monfort*, à cause du Conté de *Montfort* qui y a èté uni. Son fils se nome le Duc de MONFORT.

Le Duc de BRISSAC. VII.

Le Duc de RICHELIEU. VIII.

Il a de plus le Duché de *Fronsac* qui est Pairie, & pandant la vie de son père il a porté le nom de Duc de FRONSAC.

Le Duc de SAINT-SIMON. IX. En avril 1722 le Duc de St Simon a cèdè son Duché a son fils aîné qui se nomera le Duc de Rufec.

Le Duc de la ROCHEFOUCAULT. X.

Son fils aîné a le Duché de la *Rocheguion*, qui est un Duché simple.

Le Duc de la FORCE. XI.

Le Duc de ROHAN. XII.

Le Duc de BOUILLON. XIII.

Il a sur la Frontière du Luxanbourg le Duché de *Bouillon*, où il jouït de plusieurs Droits de Souveraineté. Il a en France les Duchés d'*Albret* & de *Châteautieri* qui sont Pairies. Il portoit le nom de Duc d'ALBRET pendant la vie de son père, & il fait porter le Titre de Duc de CHATEAUTIERI à un de ses anfans. Les fils & les filles de cète Maison jouïssent des honeurs du Louvre, & ont les Traitemens de Princes.

XIV. Le Duc de LUXANBOURG.

Son Duché est *Pinei*. Il a outre cela le Duché de *Monmoranci*, qui est un Duché simple. Son fils aîné se nome le Duc de MONMORANCI.

XV. Le Duc d'ETREES.

Le Marquisat de *Cœuvres* a èté èrigé en Duché-Pairie sous le nom d'Etrees.

XVI. Le Duc de GRANMONT.

Le Conté de *Guiches* èrigé en Duché-Pairie sous le nom de Granmont.

Il a cedé son Duché à son fils, qui se nome le Duc de GUICHE, & il a conservé le nom & les honeurs de Duc.

XVII. Le Duc de GUICHE.

XVIII. Le Duc MAZARIN.

Le Conté de *Rètel* a èté èrigé en Duché-Pairie sous le nom de Mazarini.

Il a de plus le Duché de la *Meilleraie*, dont il fait porter le nom à son fils.

XIX. Le Duc de la MEILLERAIE.

XX. Le Marèchal Duc de VILEROI.

Il a cèdé son Duché à son fils aîné, & a conservé le nom & les honeurs de Duc.

XXI. Le Duc de VILEROI.

En Janvier 1722 le Duc de Vileroi cèda son Duché pairie a son fils aîné qui se nome présantemant le Duc de Retz

XXII. Le Duc de MORTEMAR.

XXIII. Le Duc de SAINT-AGNAN.

XXIV. Le Duc de TREMES. #

XXV. Le Duc de NOAILLES.

XXVI. L'Evêque de METZ.

Son Duché est *Coalin*, qui est un bien de sa Famille, & qui n'est point uni à l'Evêché.

XXVII. Le Duc d'AUMONT.

La Tère d'*Iles* èrigée en Duché-Pairie sous le nom d'Aumont.

En Janvier 1722. le Duc d'Aumont cèda son Duché pairie a son fils qui se nome le Duc de Vilequier.

XXVIII. Le Duc de CHAROT.

XXIX. L'Archevêque de PARIS.

Son Duché est *Saint-Clou*, qui est une Tère apartenante à l'Archevêché de Paris.

XXX. Le Duc de BOUFLERS.

La Tère de *Cagni* en Beauvoisis èrigée en Duché-Pairie sous le nom de Boufiers.

 # En avril 1722 le Duc de Trêmes a cèdé son Duché a son fils aîné qui se nomera le Duc de Gêvres.

Le Marèchal Duc de VILARS. XXXI.

La Tère de *Vaux-le-Vicomte* èrigée en Duché-Pairie sous le nom de Vilars.

Le Duc d'HARCOUR.

La Tère de *Turi* èrigée en Duché-Pairie sous le nom de Harcour. XXXII.

Le Marèchal Duc de BERVIC. XXXIII.

Son Duché est la Tère d'*Ouarti*, èrigée en Duché-Pairie sous le nom de Filtz James. Il a fait porter le nom de Duc de Filtz-James à un de ses anfans.

Le Duc d'ANTIN. XXXIV. En mai 1722 le Duc d'Antin cèda son Duché au Mis de Gondrin son petit fils qu'on apèlera le Duc d'Epernon.

Le Duc de CHAUNES. XXXV.

Le Prince de ROHAN. XXXVI.

La Tère de *Frontenai* a èté èrigée pour lui en Duché-Pairie, sous le nom de Rohan-Rohan.

Le Duc de MELUN. XXXVII.

La Tère de *Joyeuse* a èté èrigée pour lui en Duché-Pairie.

Le Marèchal Duc de TALARD. XXXVIII.

La Tère d'*Hostun* a èté èrigée en Duché simple pour lui. Il la cèda à son fils, pour qui èle fut èrigée en Duché. Le pere a conservé le nom & les honeurs de Duc.

Le Duc de TALARD. XXXIX.

Le Duc de BRANCAS. XL.

La Tère de *Vilars* en Provence ètoit depuis lontans èrigée en Duché-Pairie, mais les Lètres n'avoient point èté anregistrées au Parlemant de Paris. Le père s'en dèmit en faveur de son fils, & garda le nom & les honeurs de Duc. Les Lètres de Duché-Pairie furent anregistrées au Parlemant de Paris pour le fils qui se nome

Le Duc de VILARS-BRANCAS. XLI.

Le Duc de la FEUILLADE. XLII.

Son Duché est *Rouanais*.

Le Prince de MONACO. XLIII.

Le Prince de Monaco ètoit Duc de Valantinois ; les Lètres de Duché-Pairie ètoient registrées au Parlemant de Paris. Il s'en dèmit en faveur de son gendre fils du Conte de Matignon Chevalier de l'Ordre. Le gendre obtint de nouvèles Lètres de Duché-Pairie pour la Tère de Valantinois, & a pris les Armes de Grimaldi, qui sont cèles de son beau-père. La Principauté de Monaco est sur la frontière d'Italie près de la Mer. Le Prince y jouït des droits de Souveraineté. Il se couvre devant le Roi aux Audiances des Ambassadeurs.

Le Duc de VALANTINOIS. XLIV.

Le Duc de NEVERS. XLV.

DUCS qui ne sont pas Pairs, & dont les Lètres sont anregistrées au Parlemant.

XLVI. Le Duc de LORAINE.

Il a le Duché de *Bâr* qui n'est pas Pairie, pour lequel il prète homage au Roi.

XLVII. Le Duc de MONFORT.

XLVIII. Le Duc de la ROCHEGUION.

XLIX. Le Duc de MONMORANCI.

On a doné le non de Monmoranci à la Tère de *Beaufort* en Champagne, èrigée en Duché.

L. Le Duc de DURAS.

LI. Le Duc d'HUMIERES.

La Tère de *Mouchi* èrigée en Duché sous le nom d'Humieres.

LII. Le Duc de LORGE.

La Tère de *Quintin* èrigée en Duché sous le nom de Lorge.

LIII. Le Duc de LAUZUN.

LIV. Le Duc de CHATILLON.

Il a cède son Duché à son fils qui se nome le Duc d'OLONE, & il a conservé le nom & les honeurs de Duc.

LV. Le Duc d'OLONE.

LVI. Le Duc de NOIRMOUTIER.

La Tère de *Royan* èrigée en Duché.

Duchés qui ne sont pas anregistrés au Parlemant de Paris.

LVII. Le Duc de ROQUELAURE.

Il est Duc & Pair, mais ses Lètres ne sont point anregistrées au Parlemant.

LVIII. Le Prince Emanuel de SAVOIE.

Son Duché est *Ivoi*, sur les frontières de Luxanbourg, èrigé en Duché-Pairie sous le nom de CARIGNAN, & registré au Parlemant de Metz.

LIX. La Duchesse de PORTSMOUT.

LX. Le Duc de RICHEMONT.

La Tère d'*Aubigni* èrigée en Duché pour Louise-Renée de Pennencouet de Kerouel qu'on nome la Duchesse de Portsmout, parce qu'èle a ce Titre en Angletère; & pour son fils qu'on nome le Duc de Richemont, parce qu'il a ce Titre en Angletère. Les Lètres ne sont pas registrées au Parlemant.

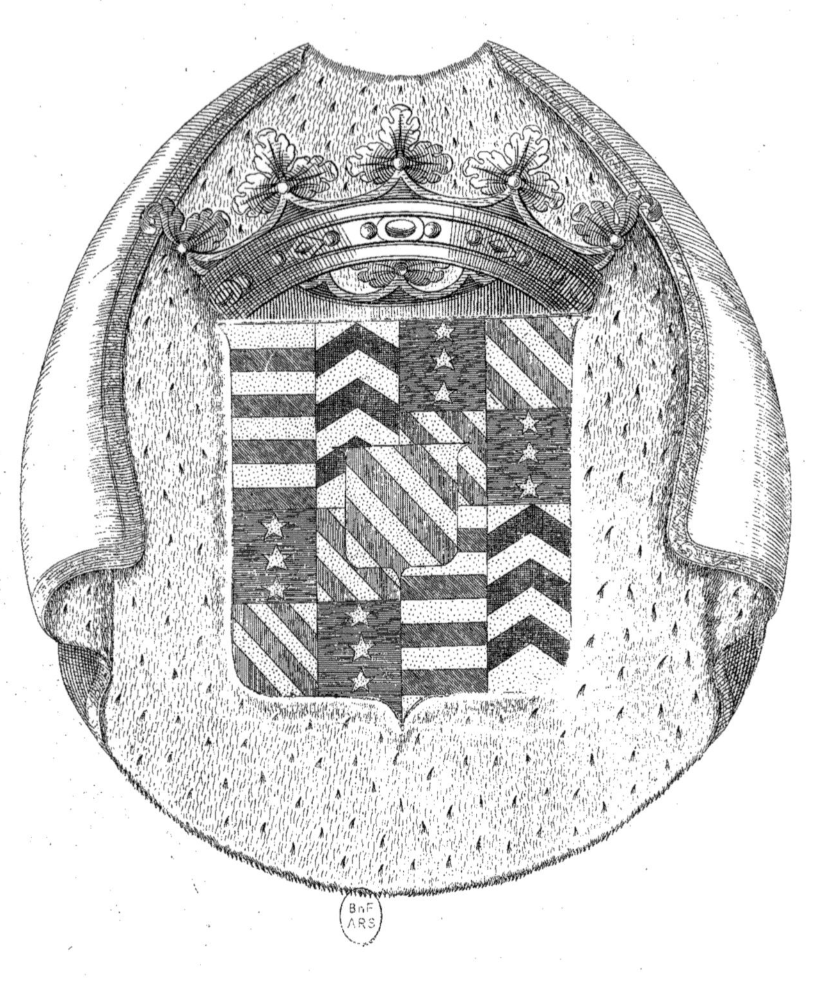

le Duc d'Uzès

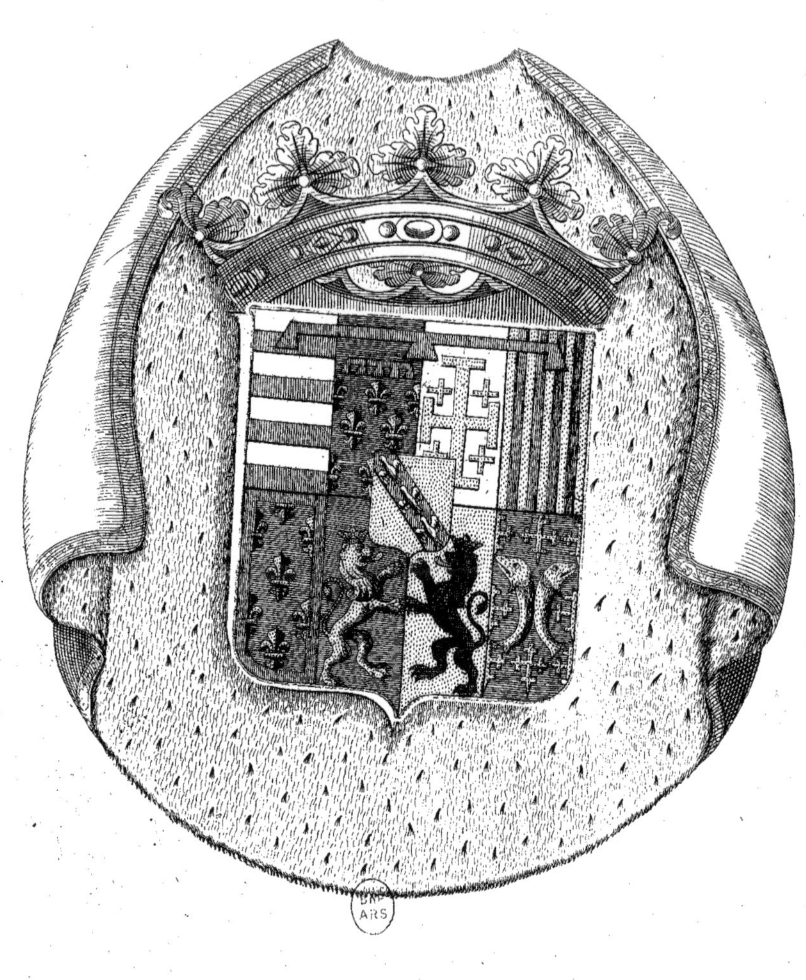

le Duc d'Elbeuf

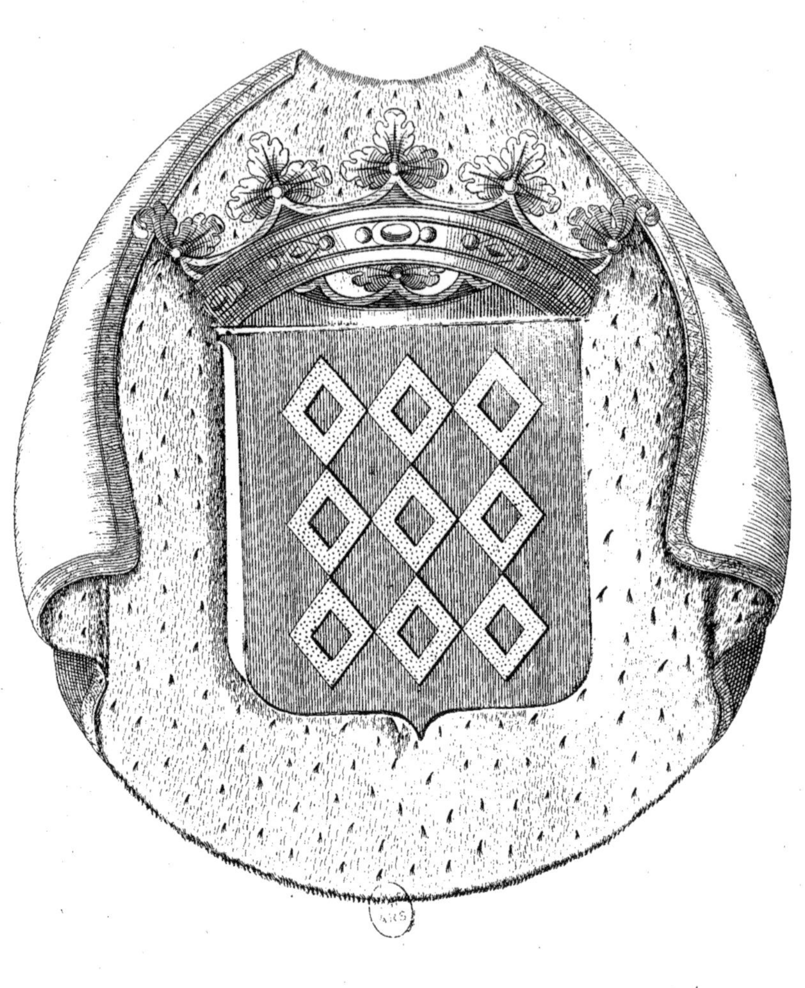

le Prince de Guimenée

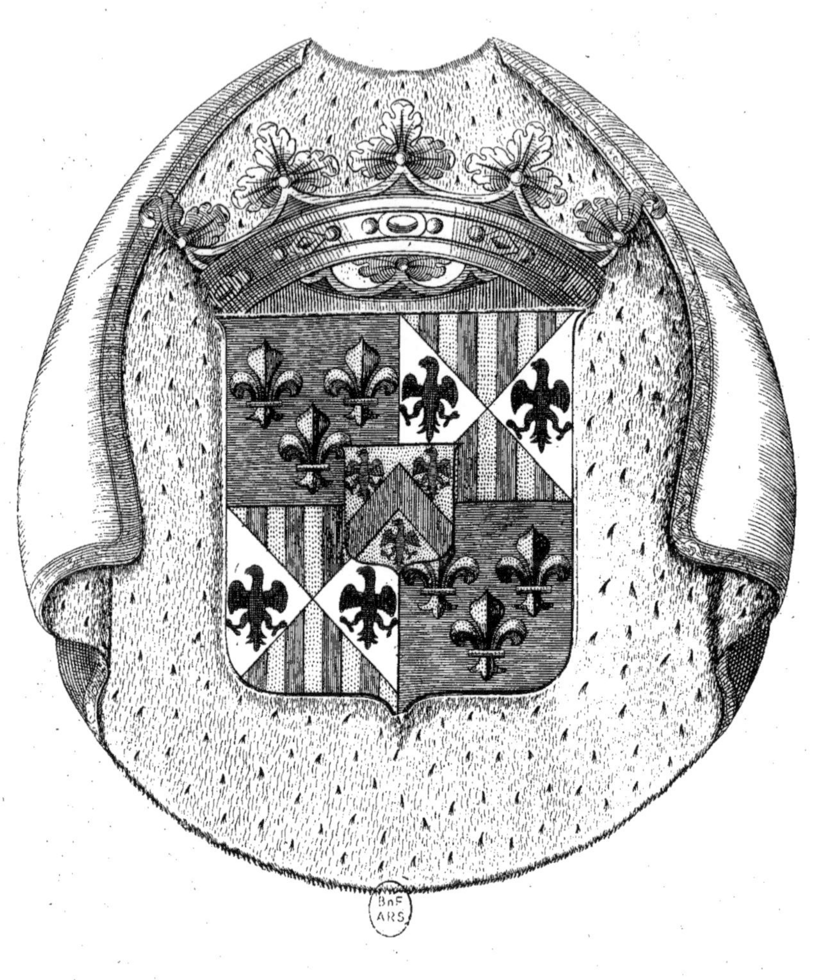

le Duc de la Trimouille

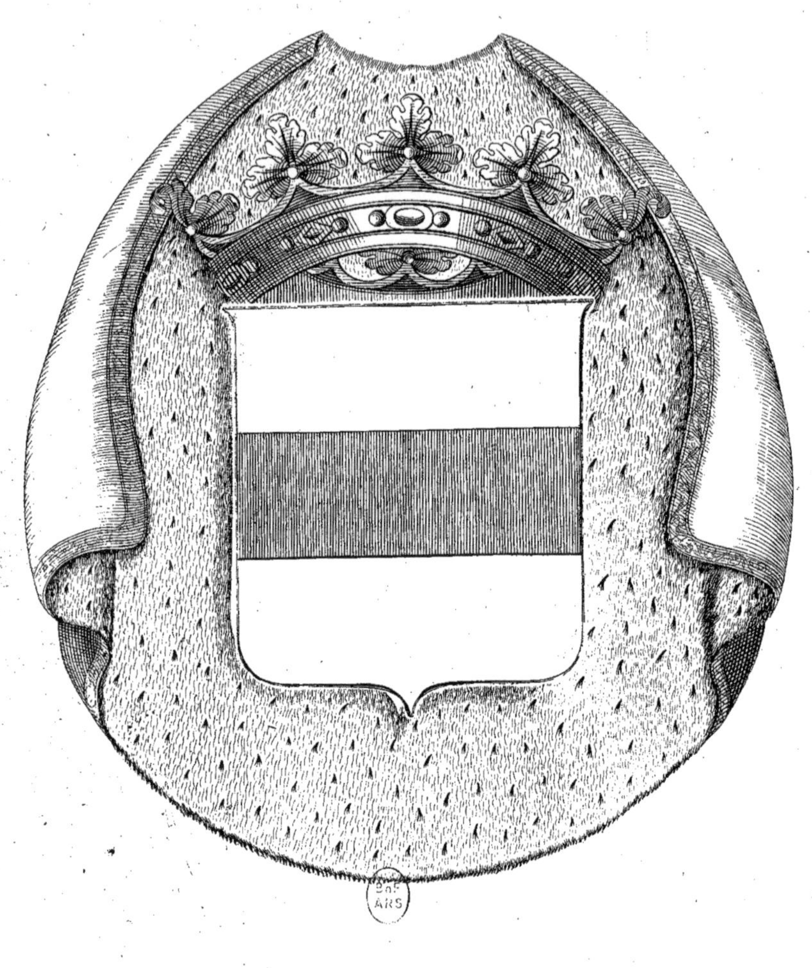

le Duc de Suilli

le Duc de Luines

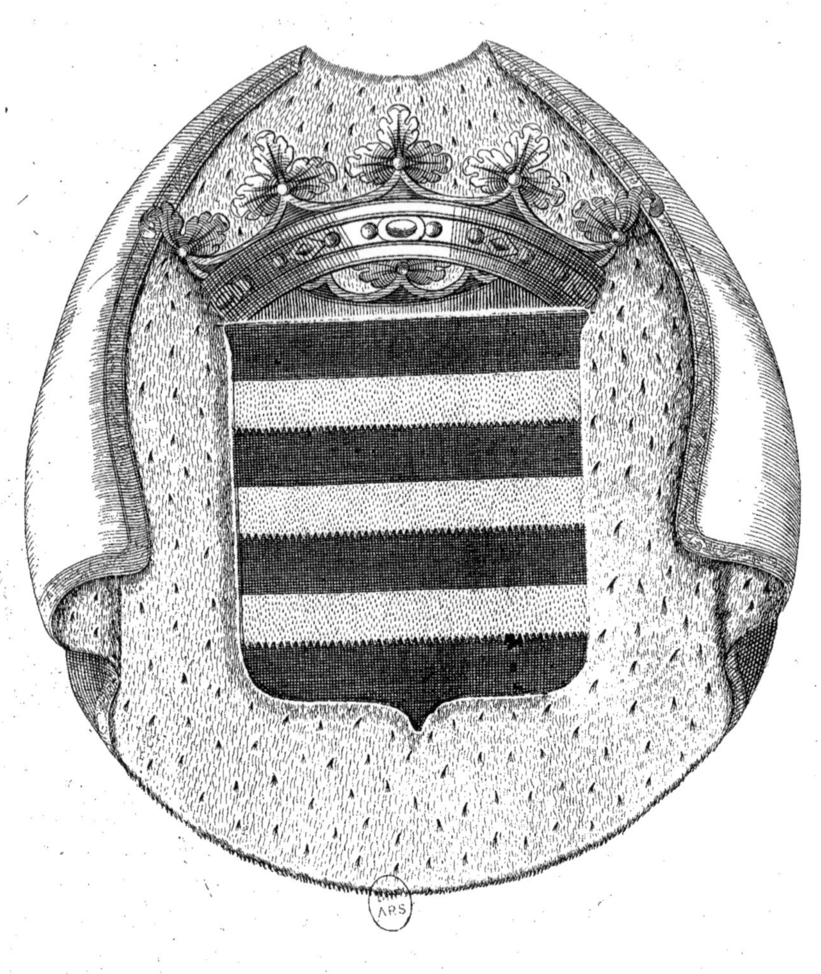

le Duc de Brissac

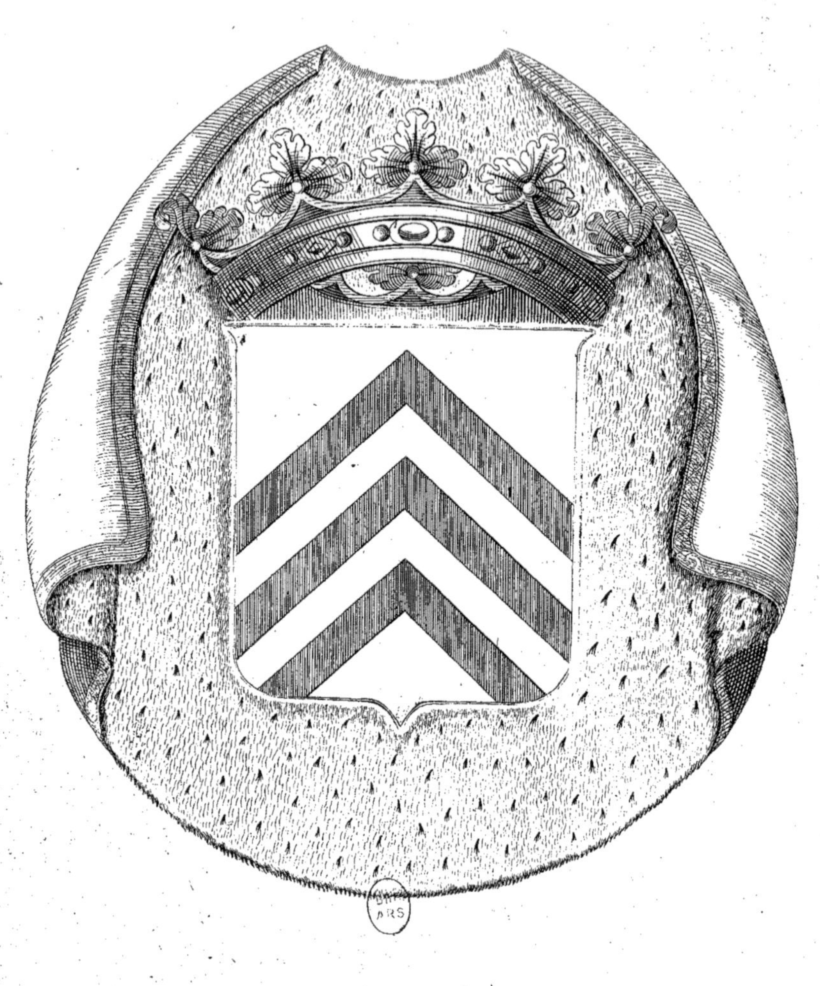

le Duc de Richelieu

le Duc de S.t Simon

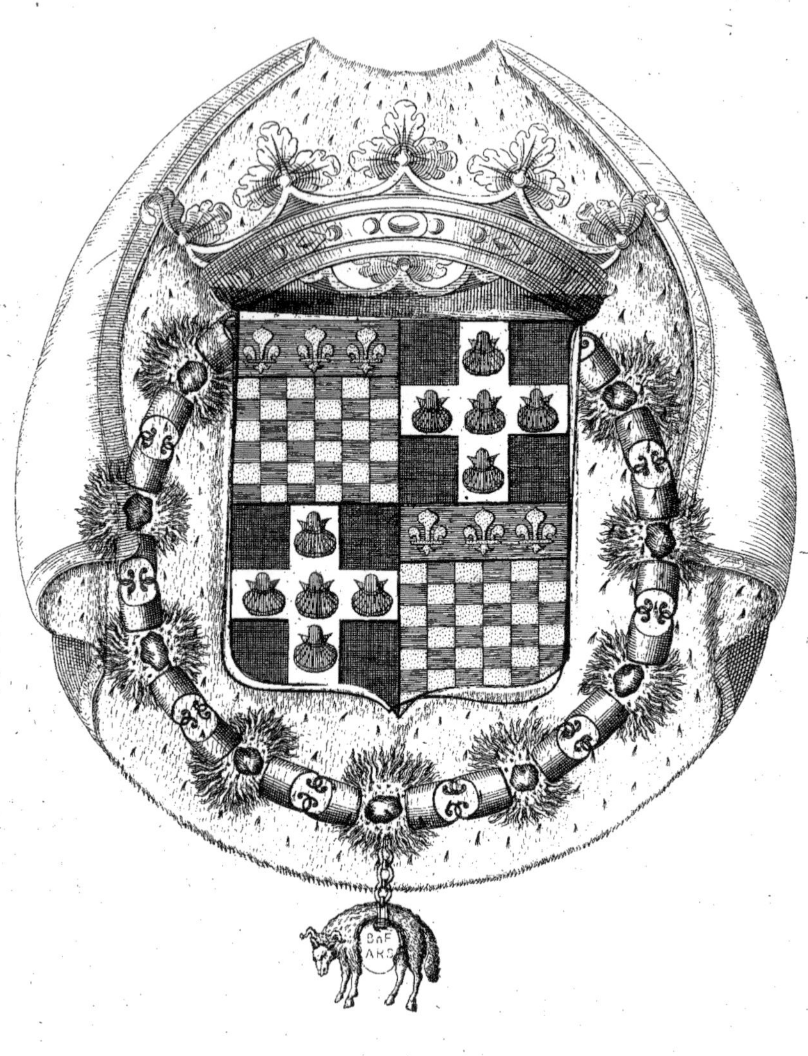

le Duc de Ruſec

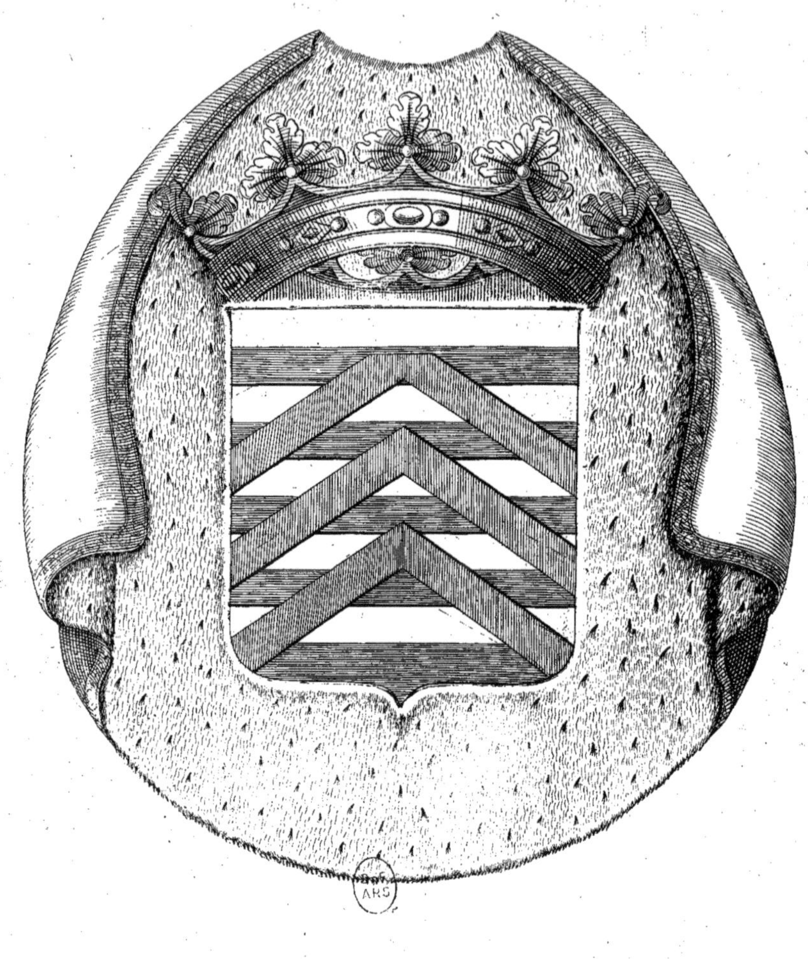

le Duc de la Rochefoucaut

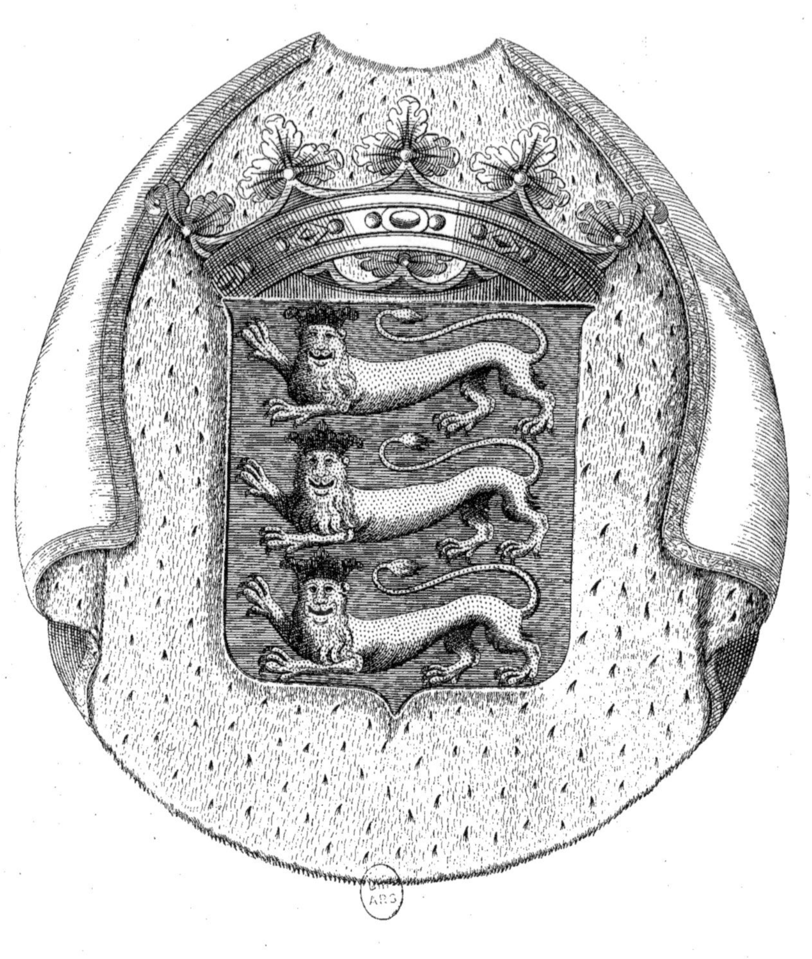

le Duc de la Force

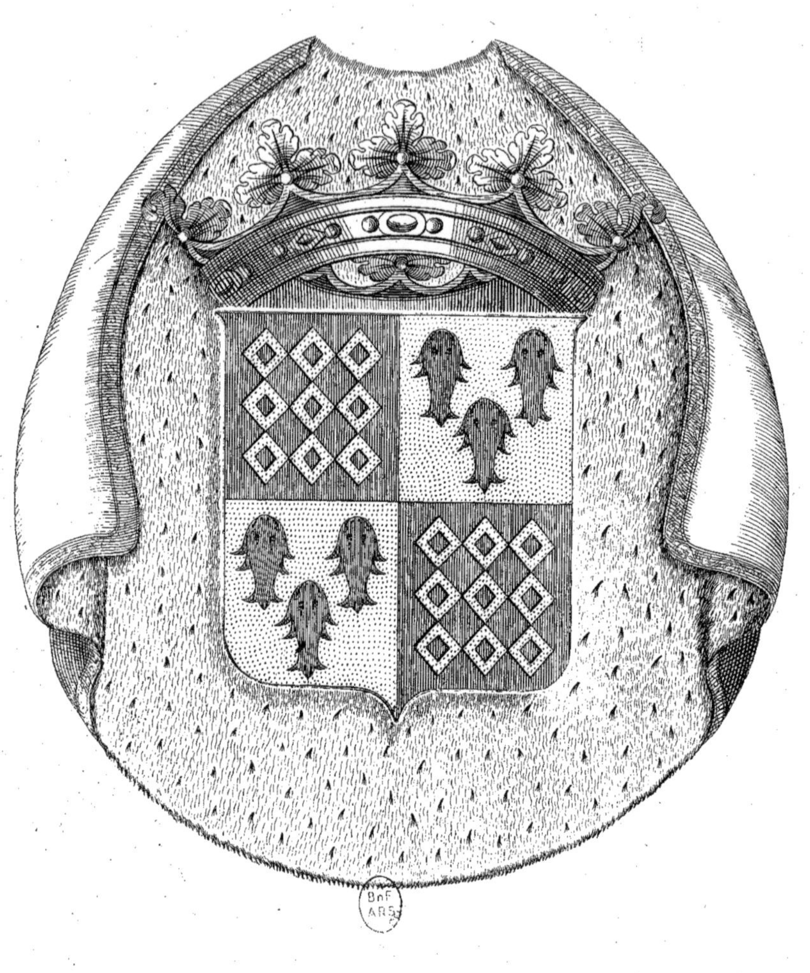

le Duc de Rohan

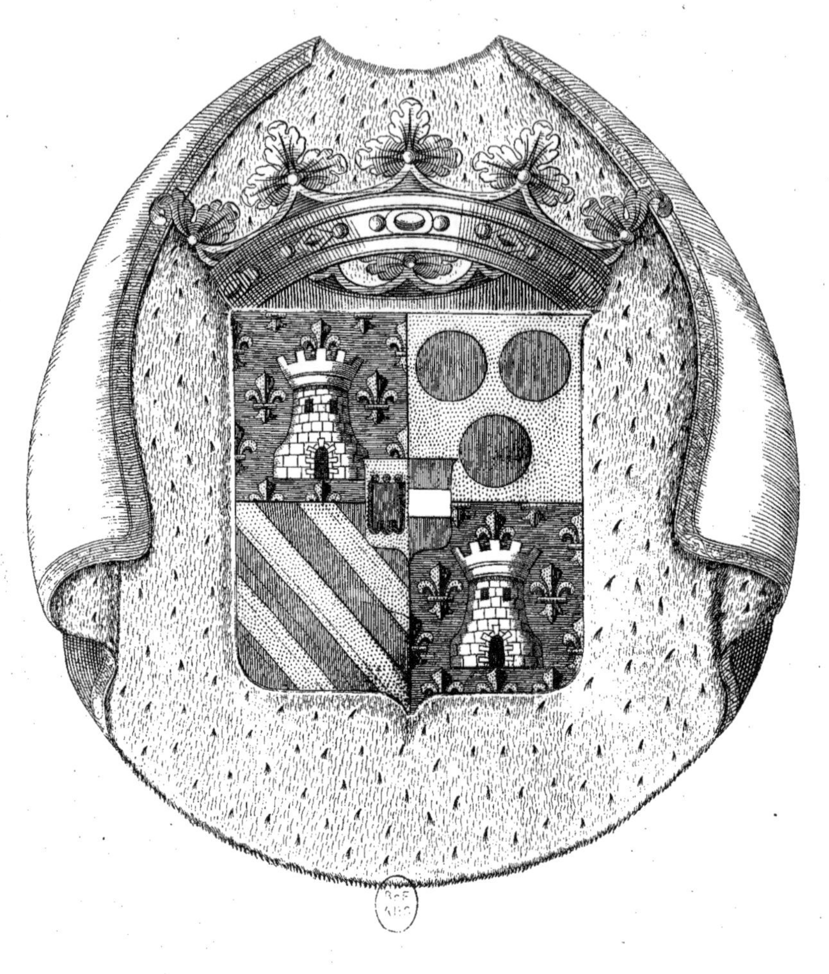

le Duc de Bouillon

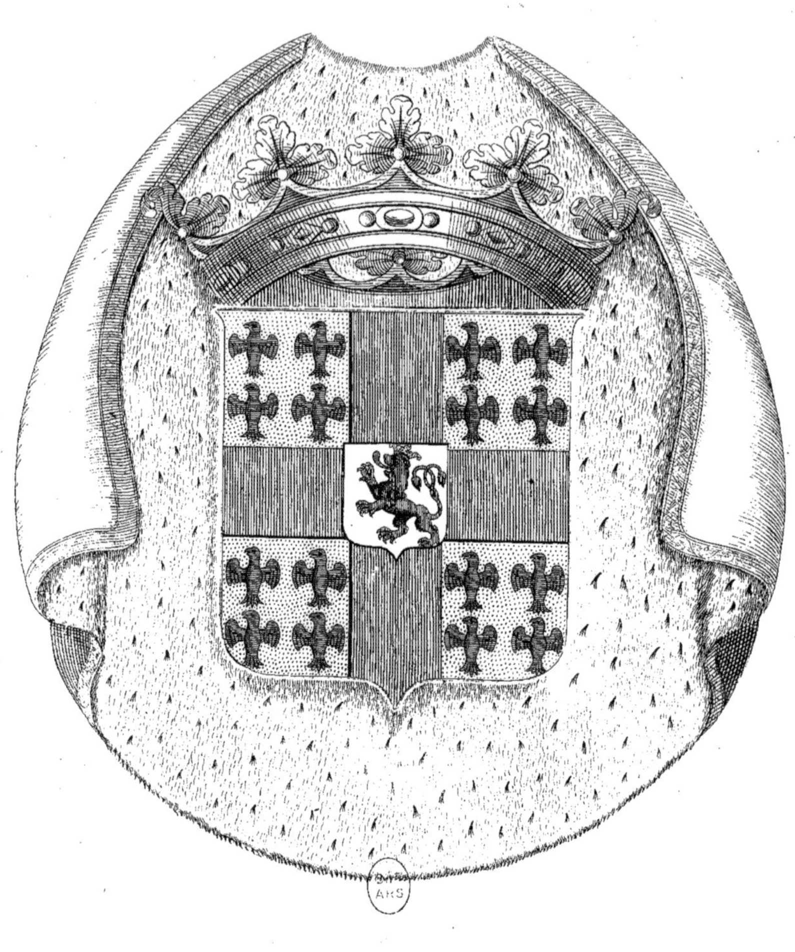

le Duc de Luxambourg

le Duc d'Étrées

le Duc de Gramont

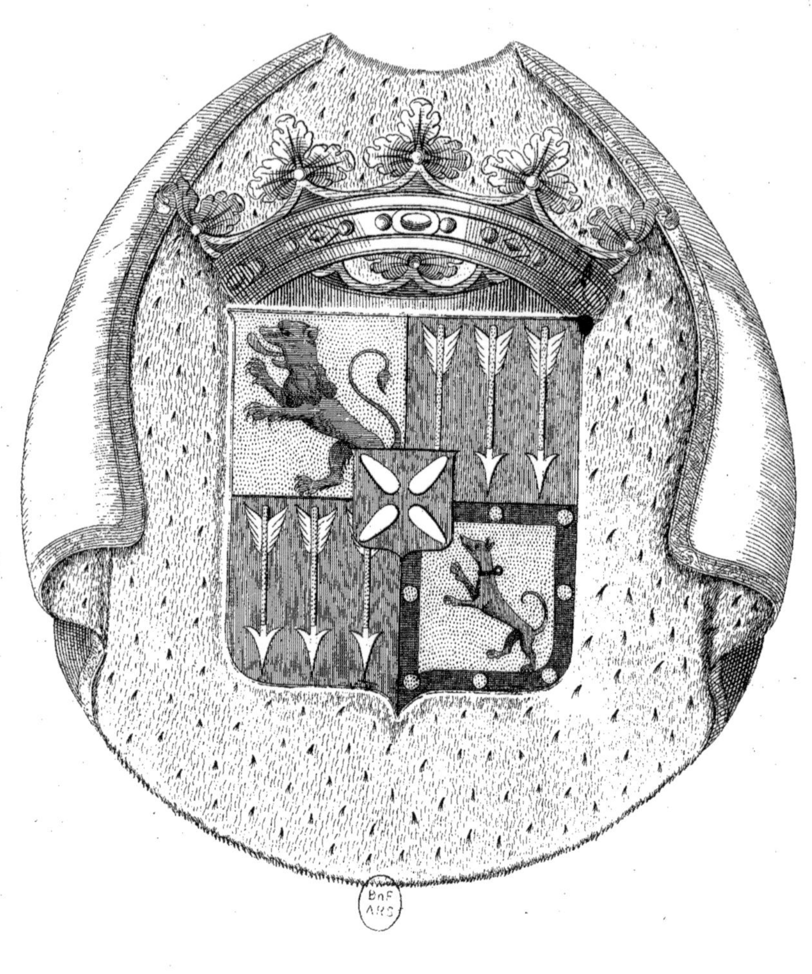

le Duc de Guiches

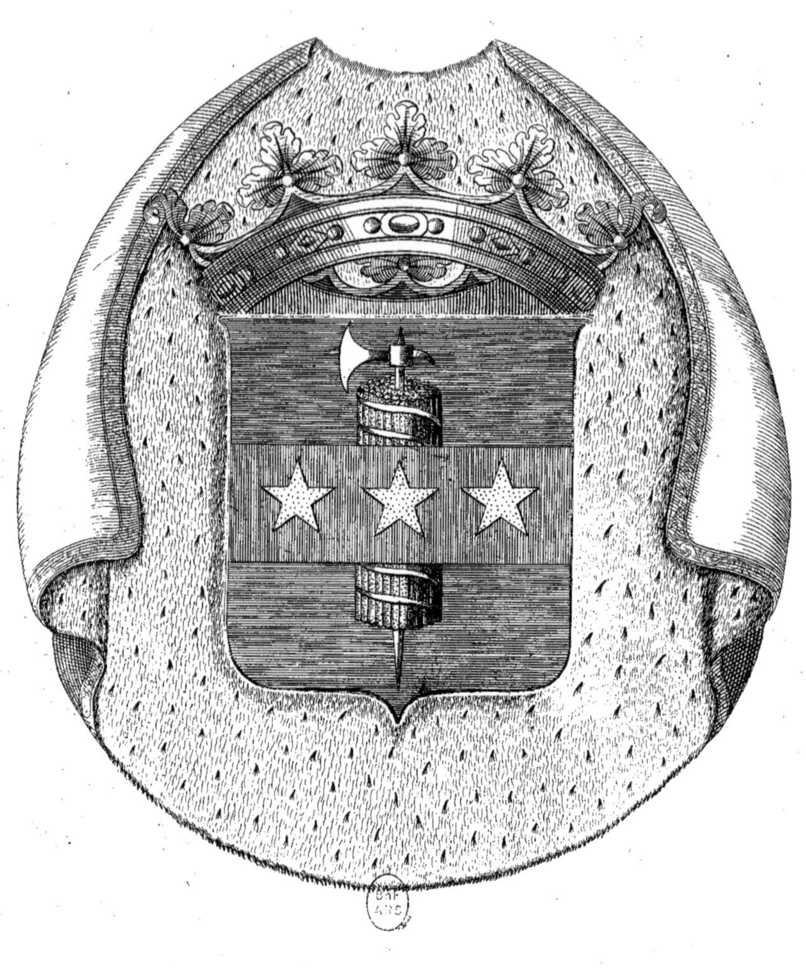

le Duc Mazarin

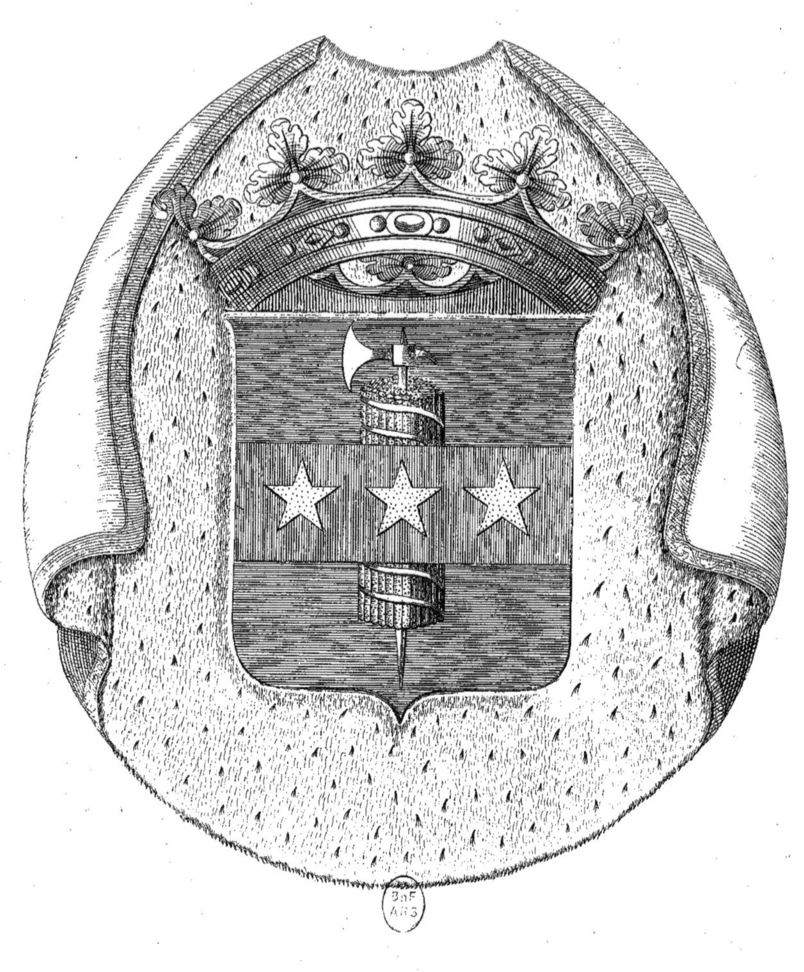

le Duc de la Meilleraie

le M.al Duc de Vileroi

le Duc de Vileroi

le Duc de Retz

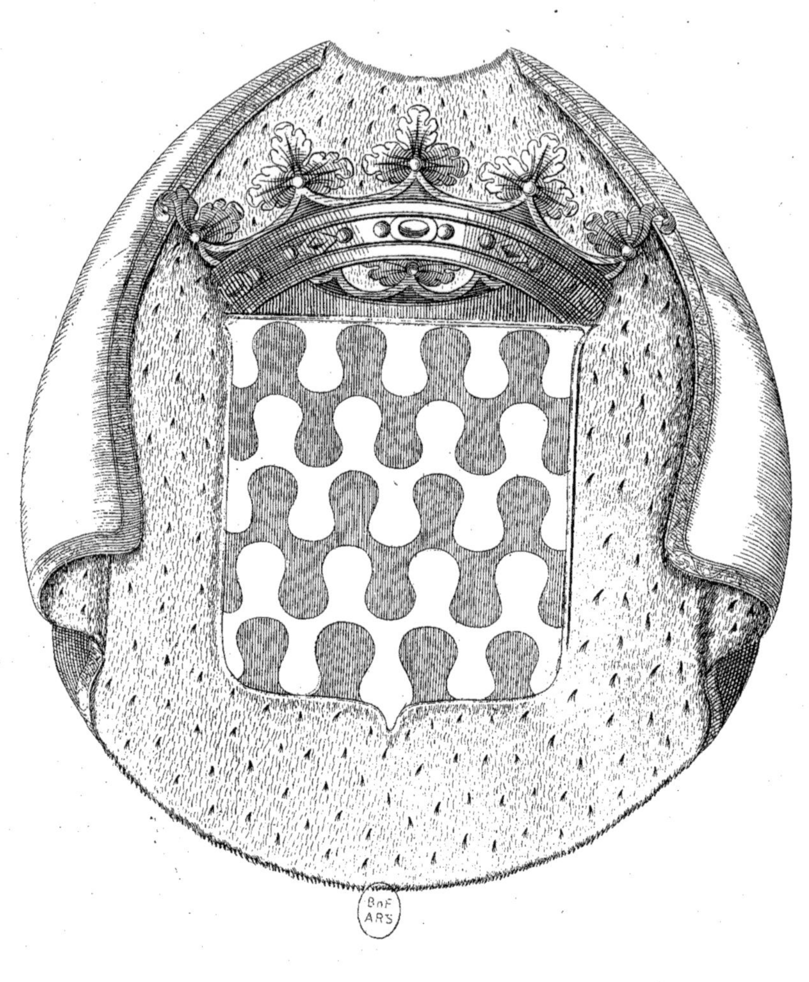

le Duc de Mortemar

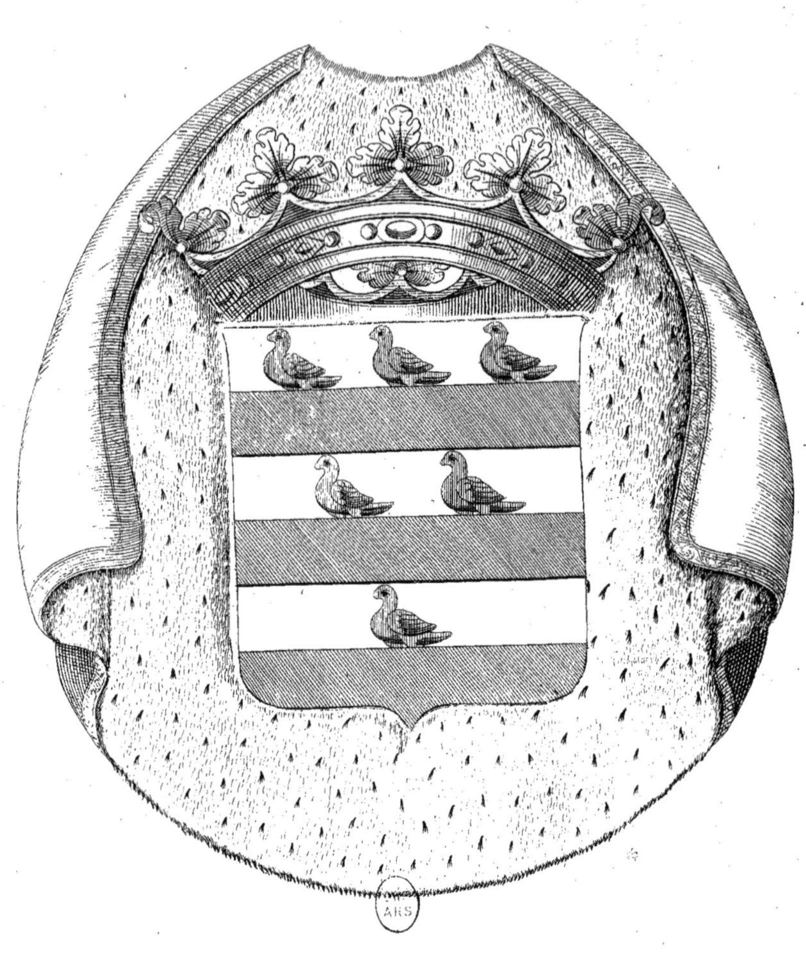

le Duc de S.t Agnan

le Duc de Trêmes

le Duc de Gêvres

le Duc de Noailles

le Duc de Coâlin

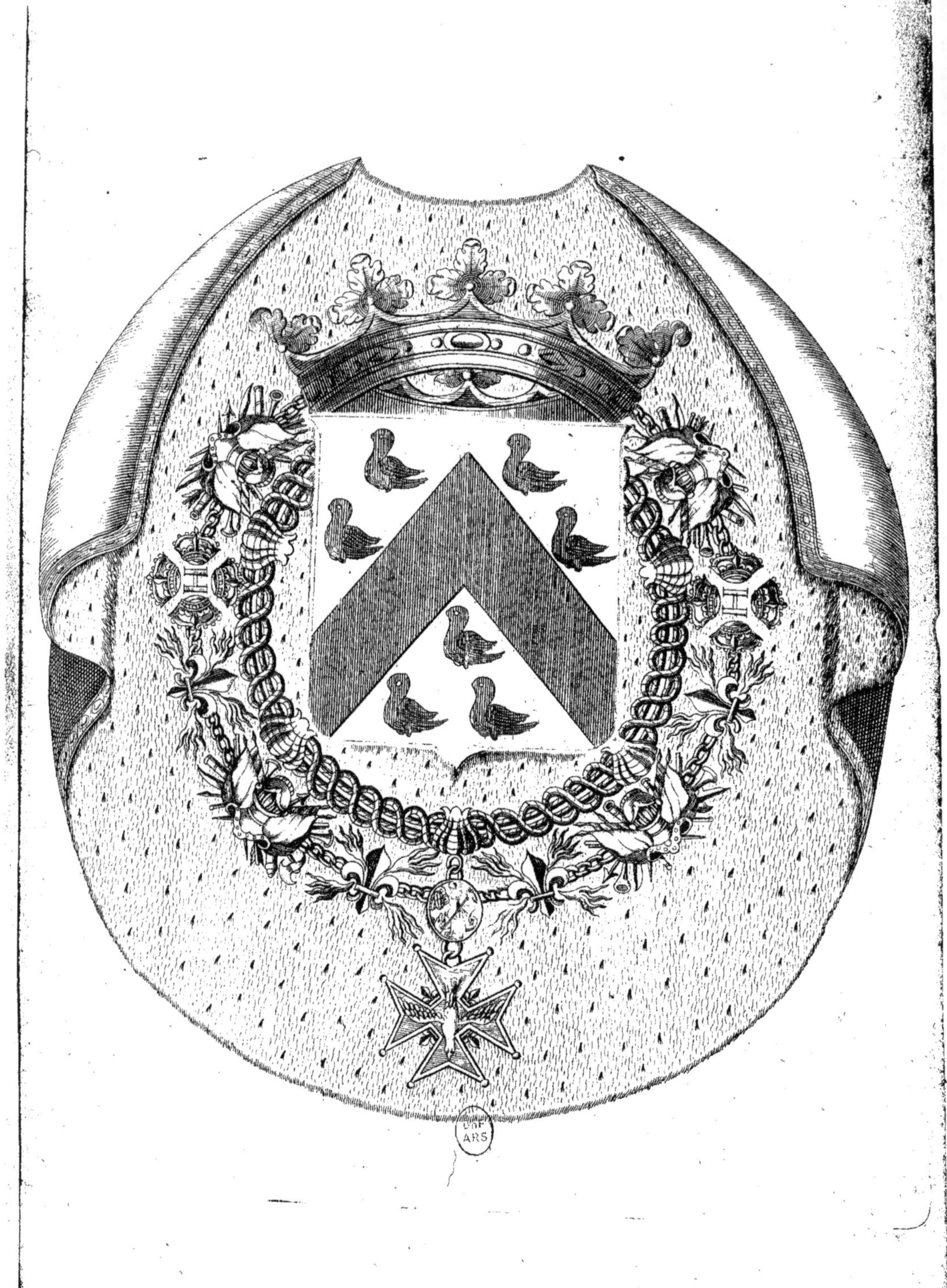

le Duc d'Aumont

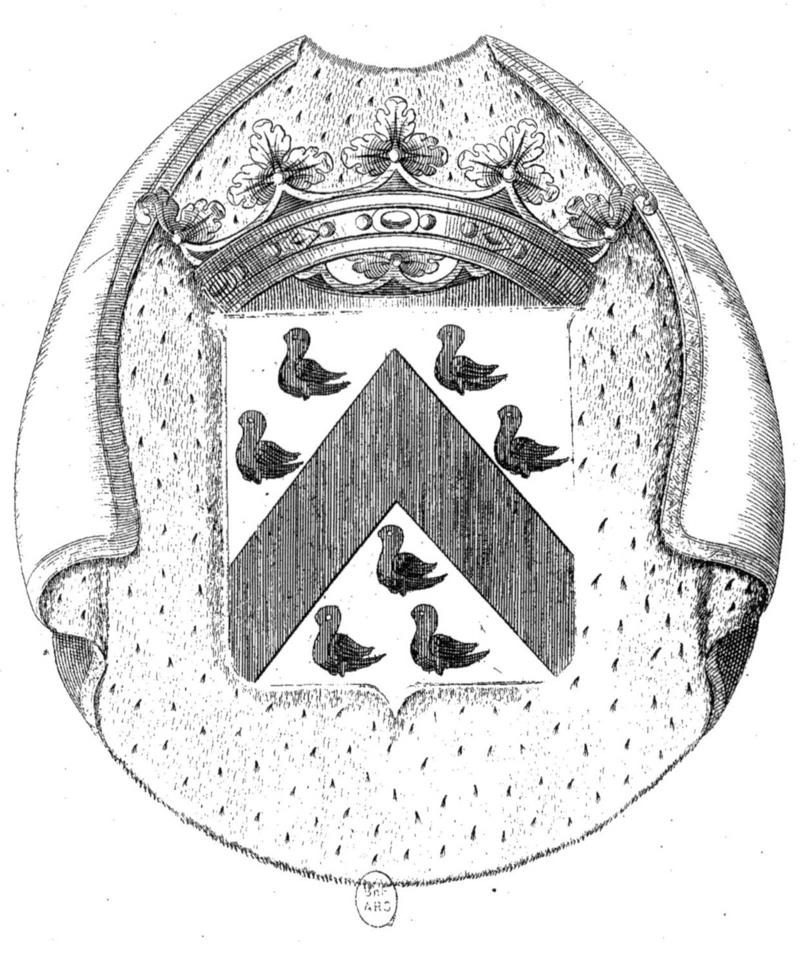

le Duc de Vilequier

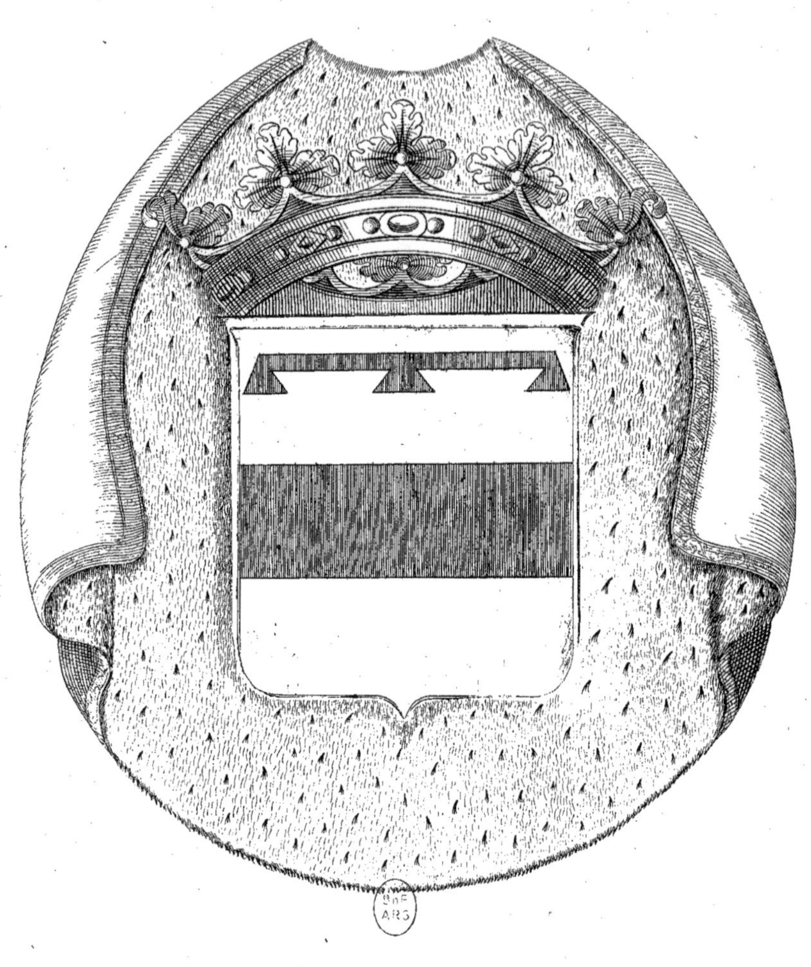

le Duc de Charôt

le C.al de Noailles

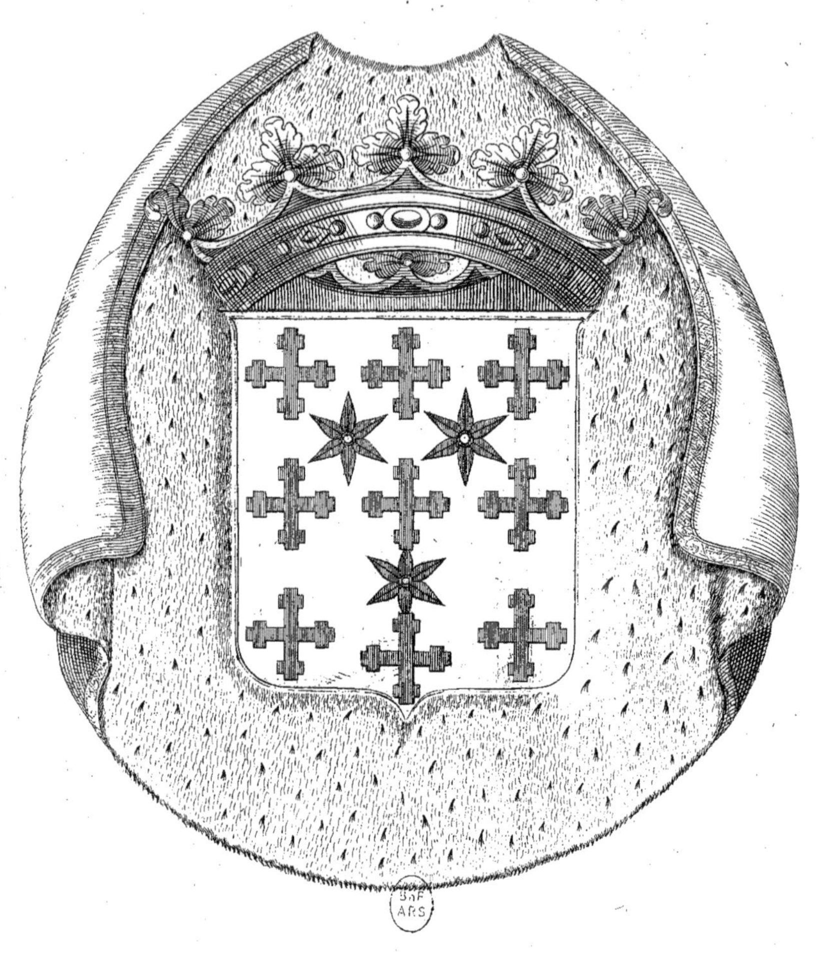

le Duc de Boufflers

le Mal. Duc de Vilars

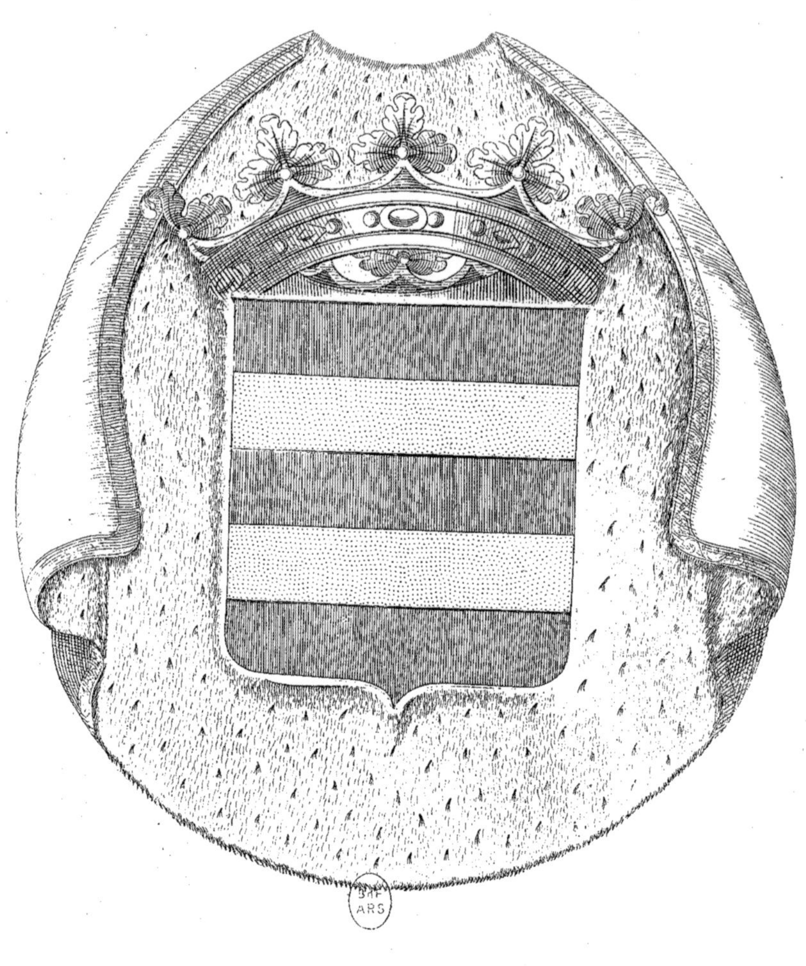

le Duc d'Harcour

le Mal Duc de Bervick

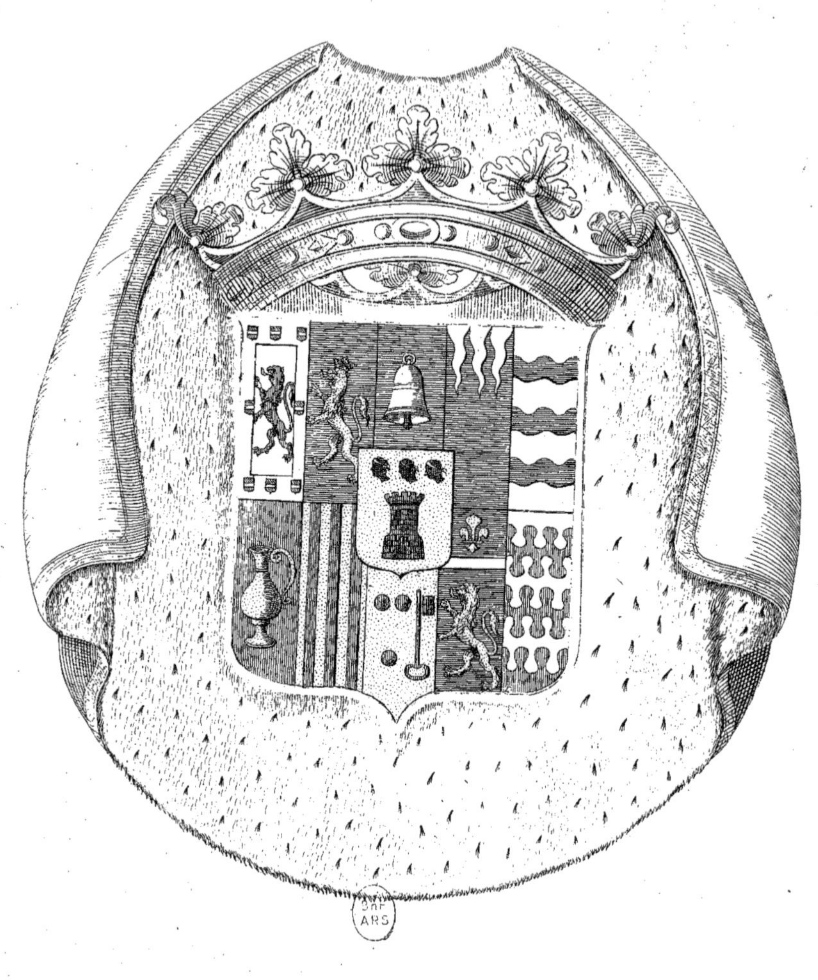

le Duc d'Antin

[illegible]

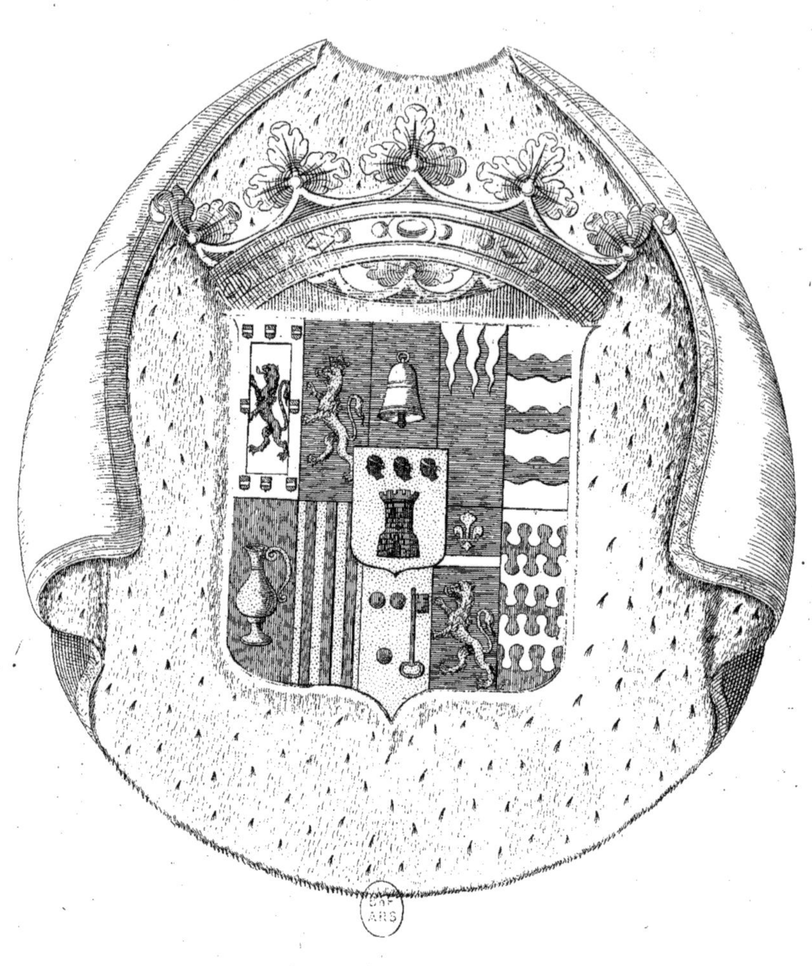

le Duc d'Epernon

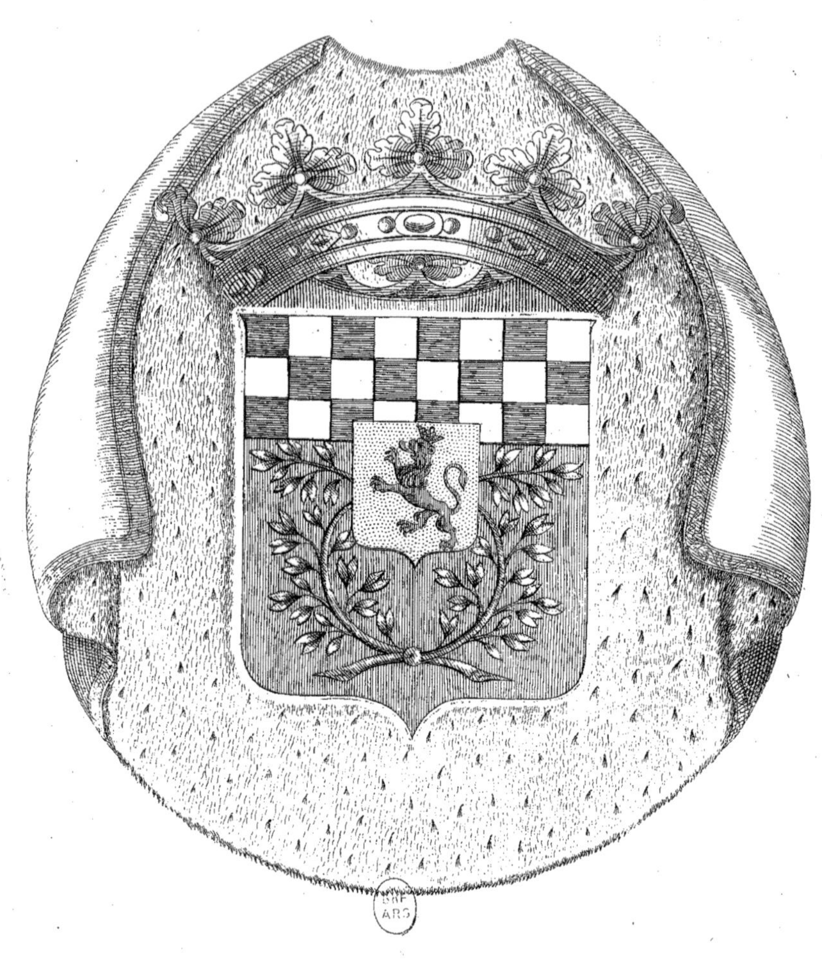

le Duc de Chaunes

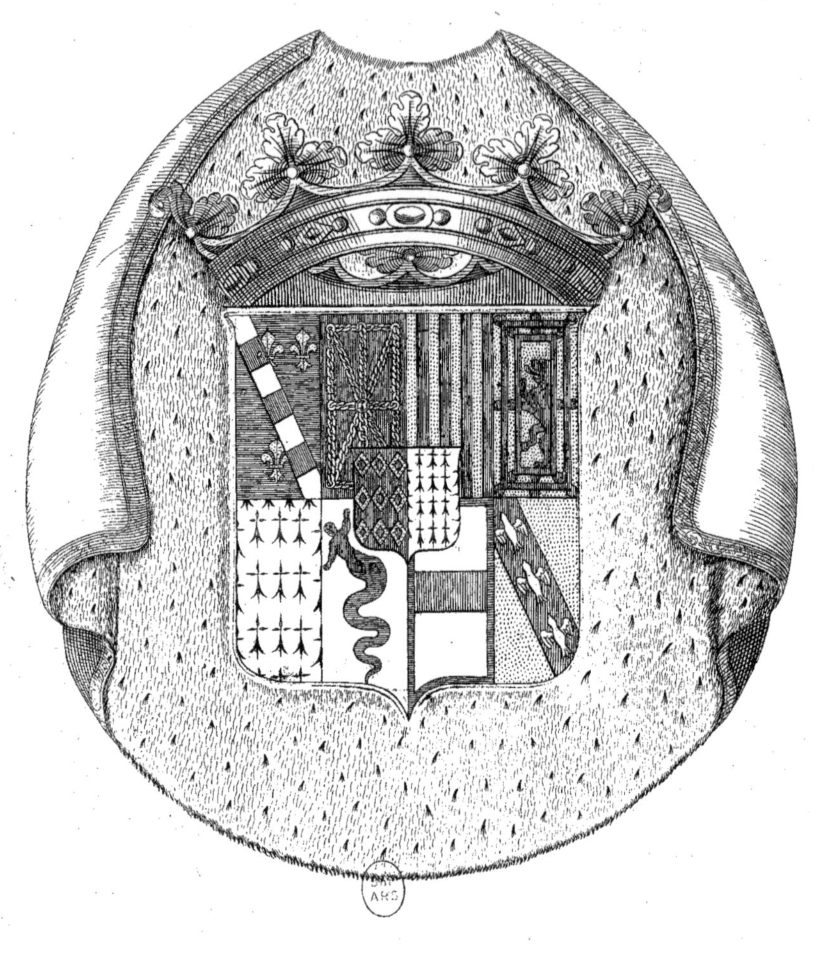

le Prince de Rohan

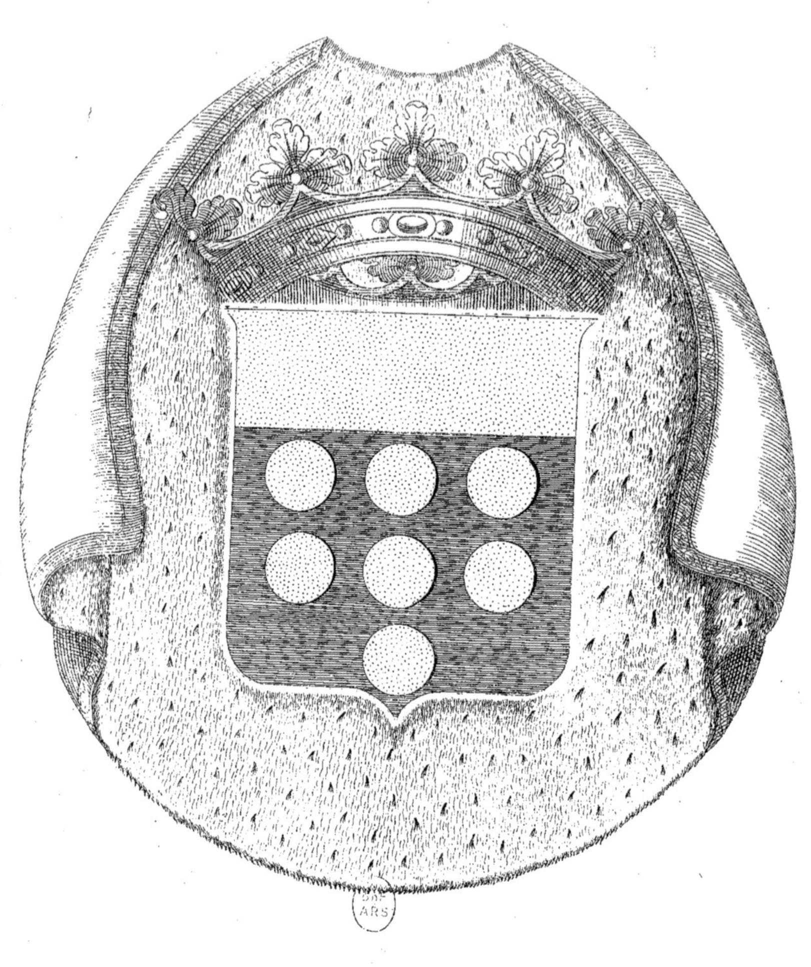

le Duc de Melun

le M.al Duc de Talart

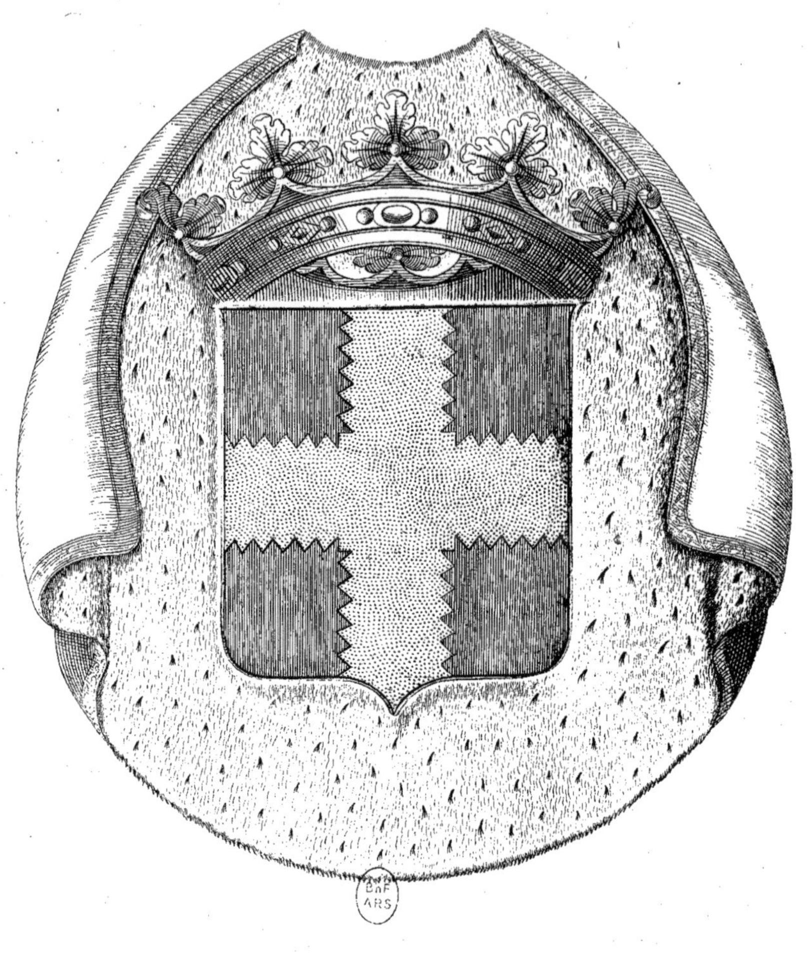

le Duc de Talard

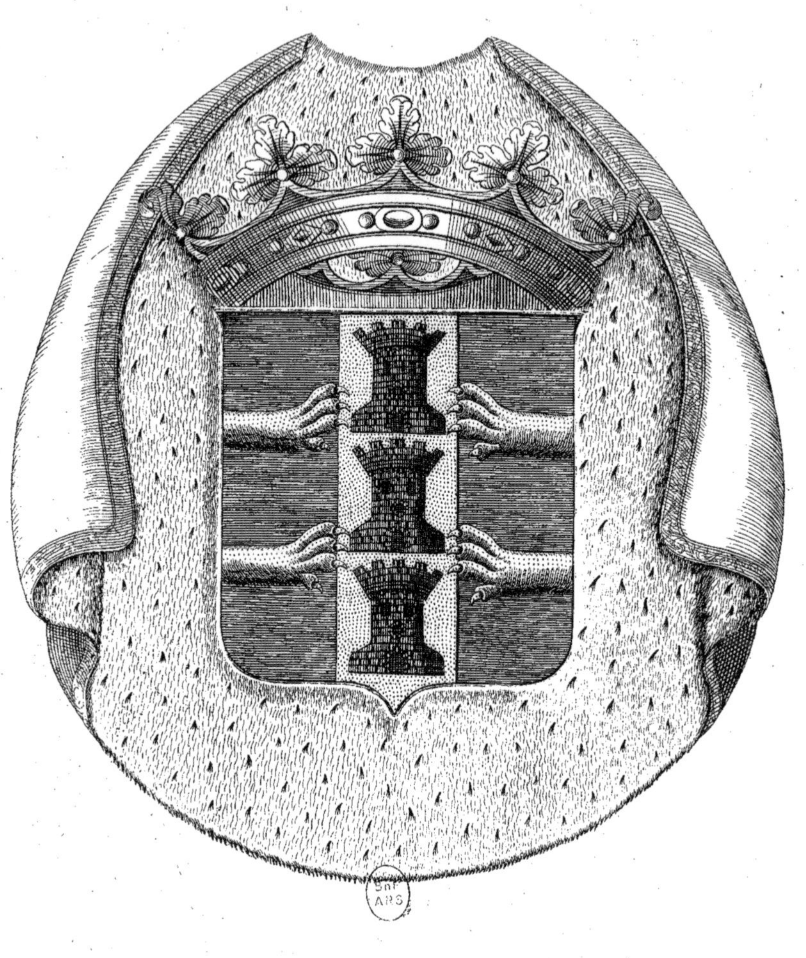

le Duc de Brancas

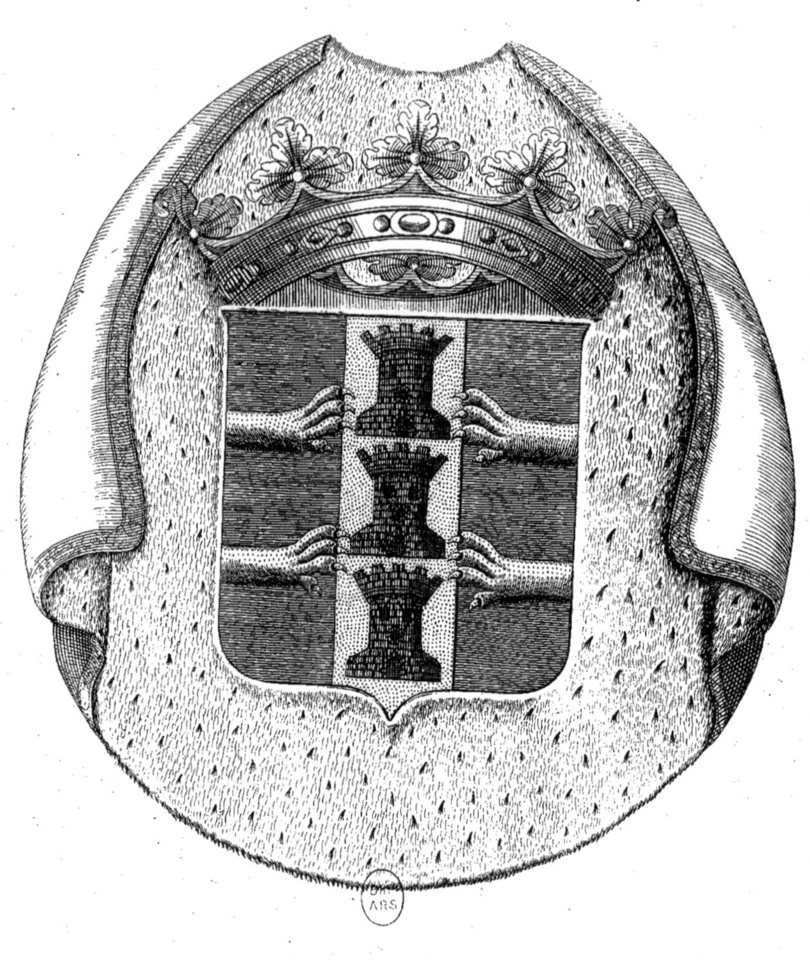

le Duc de Vilars-Brancas

le Duc de la Feuillade

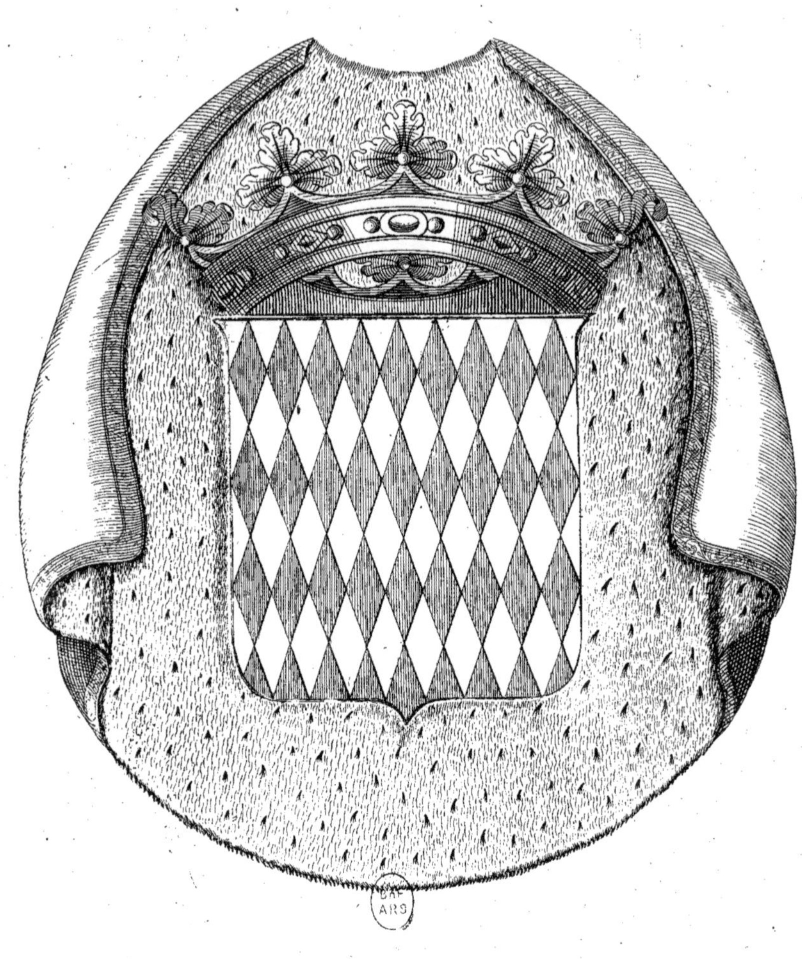

le Prince de Monaco

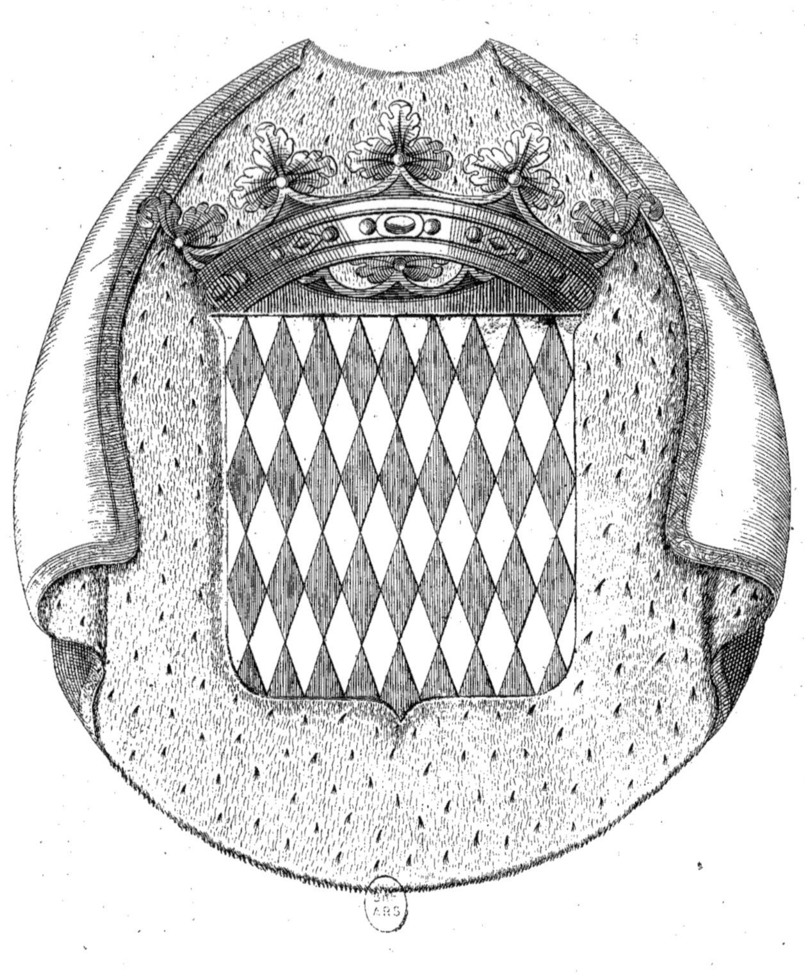

le Duc de Valantinois

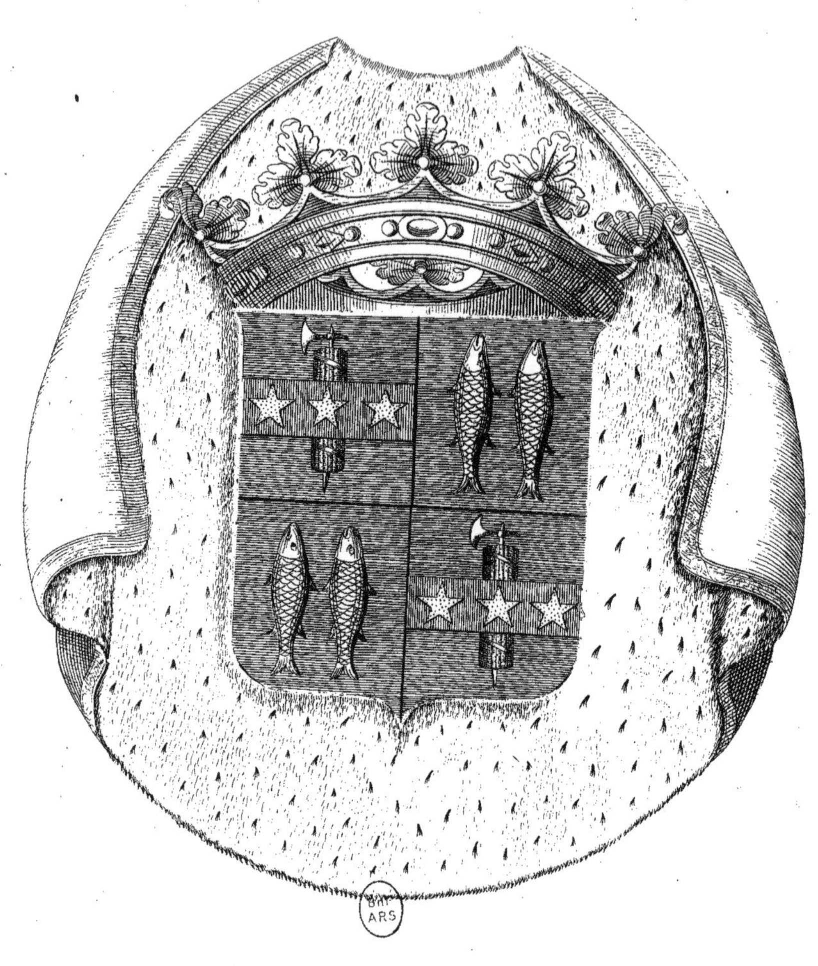

le Duc de Nevers

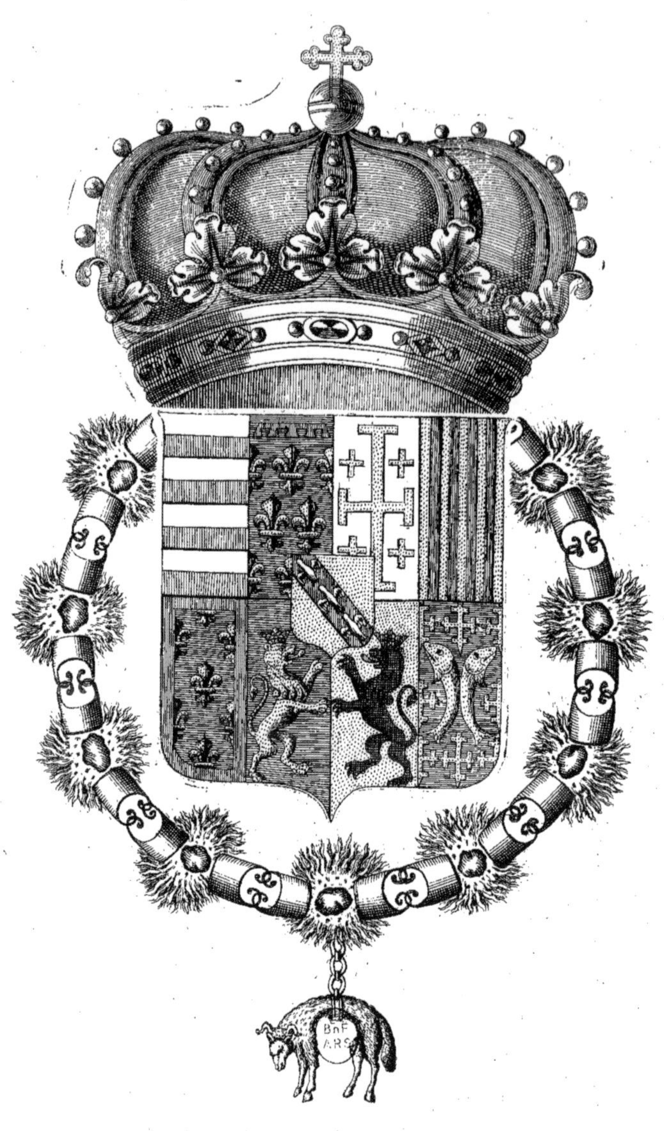

le Duc de Loraine

Le Duc de Monfort

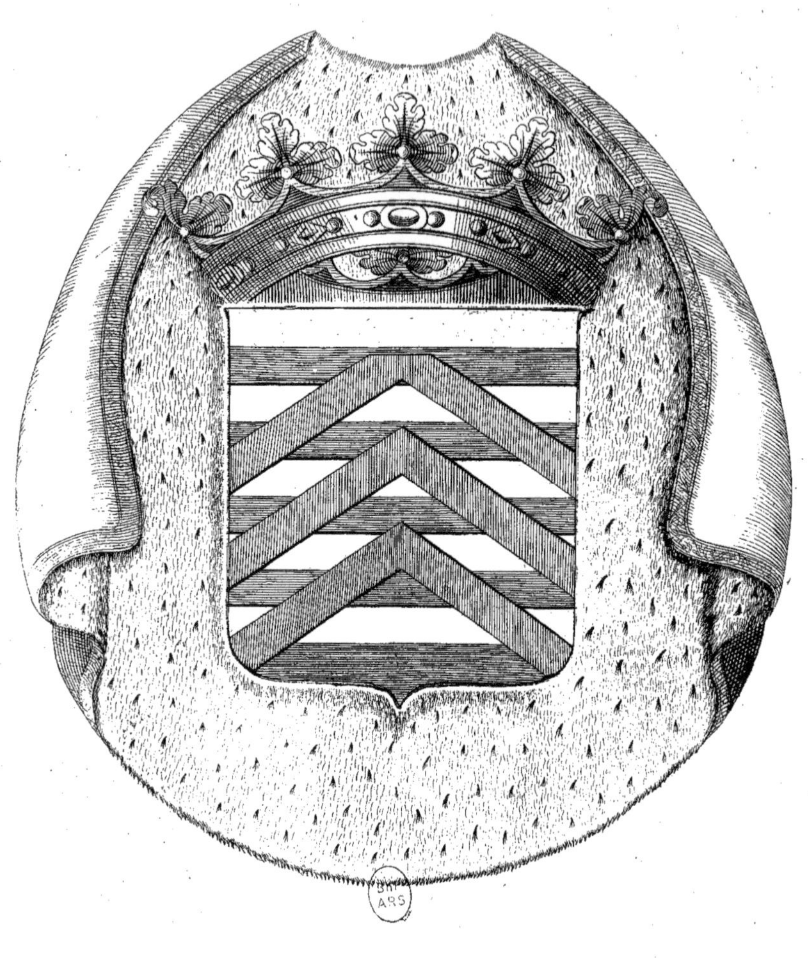

le Duc de la Rocheguion

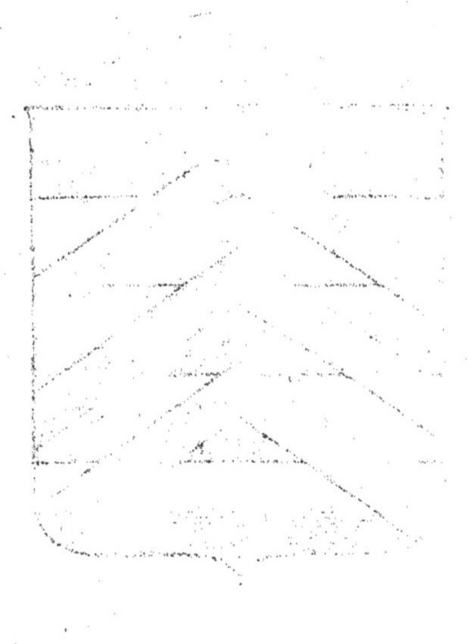

le Duc de Monmoranci

le Duc de Duras

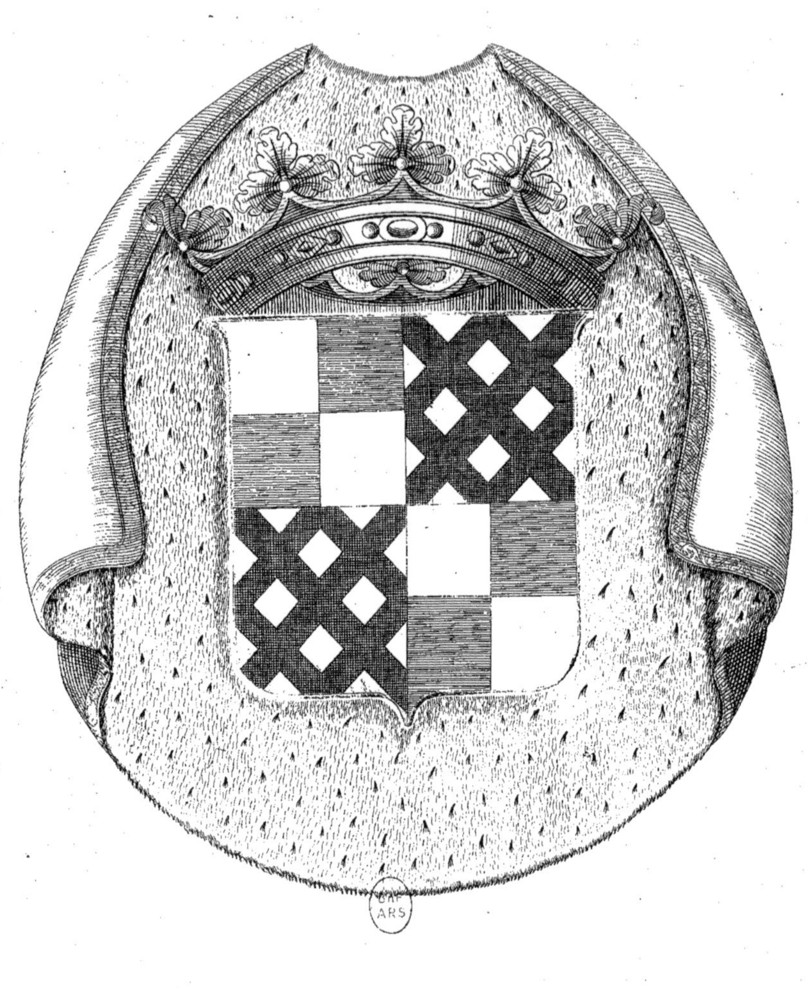

le Duc d'Humières

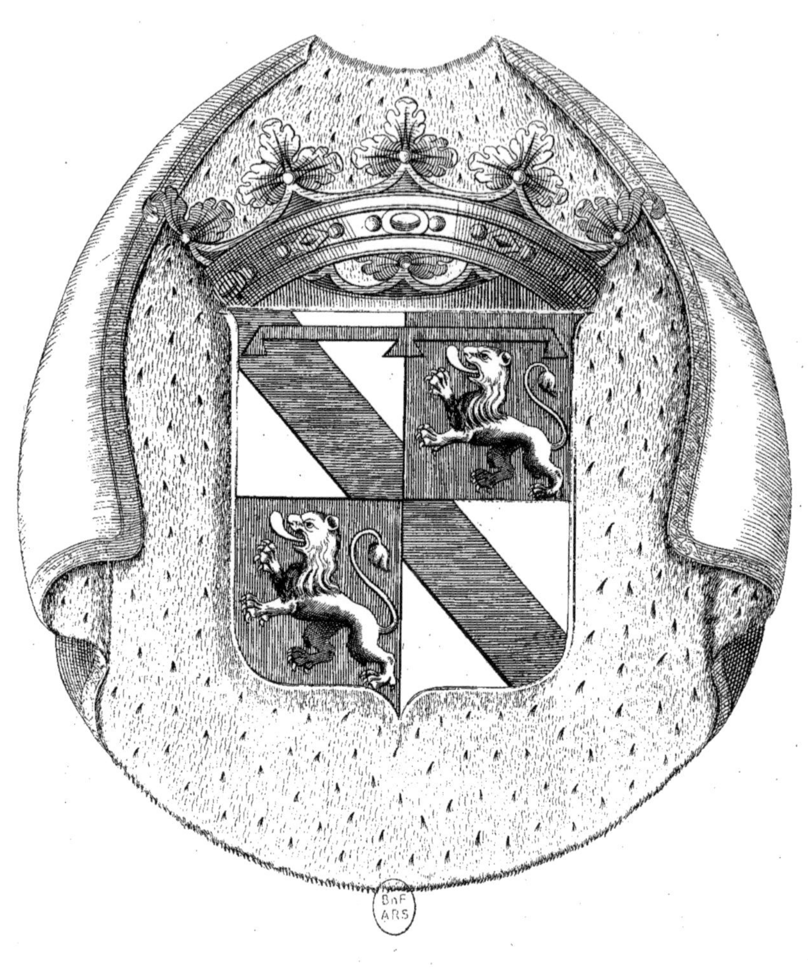

le Duc de Lorge

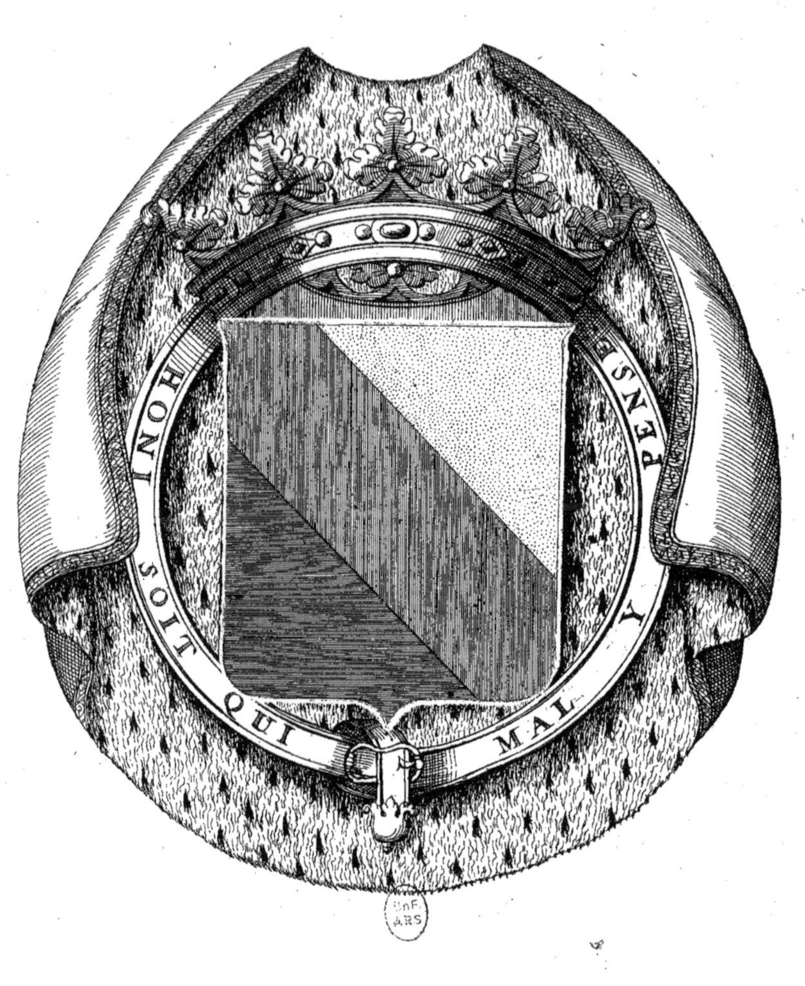

le Duc de Lauzun

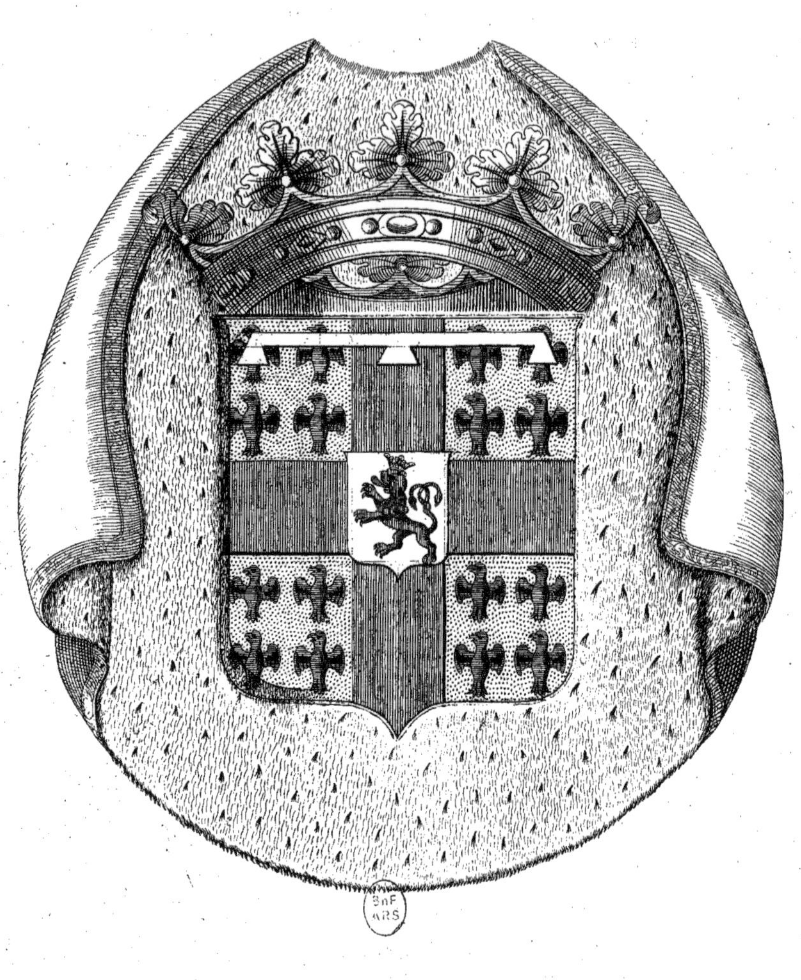

le Duc de Châtillon

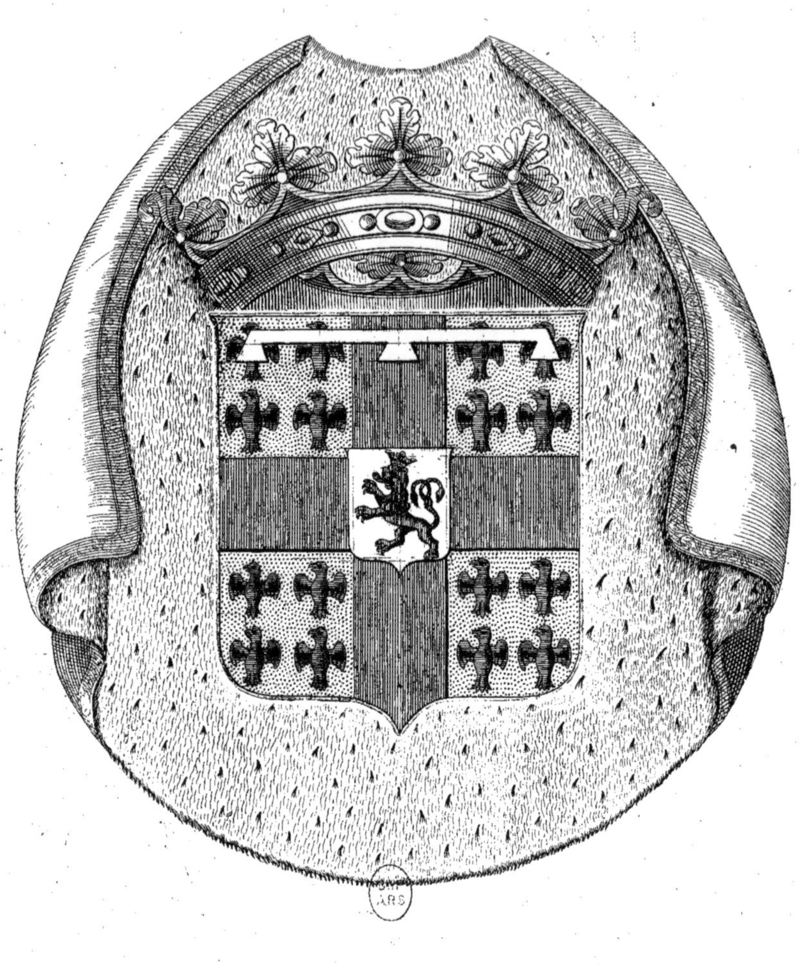

le Duc d'Olone

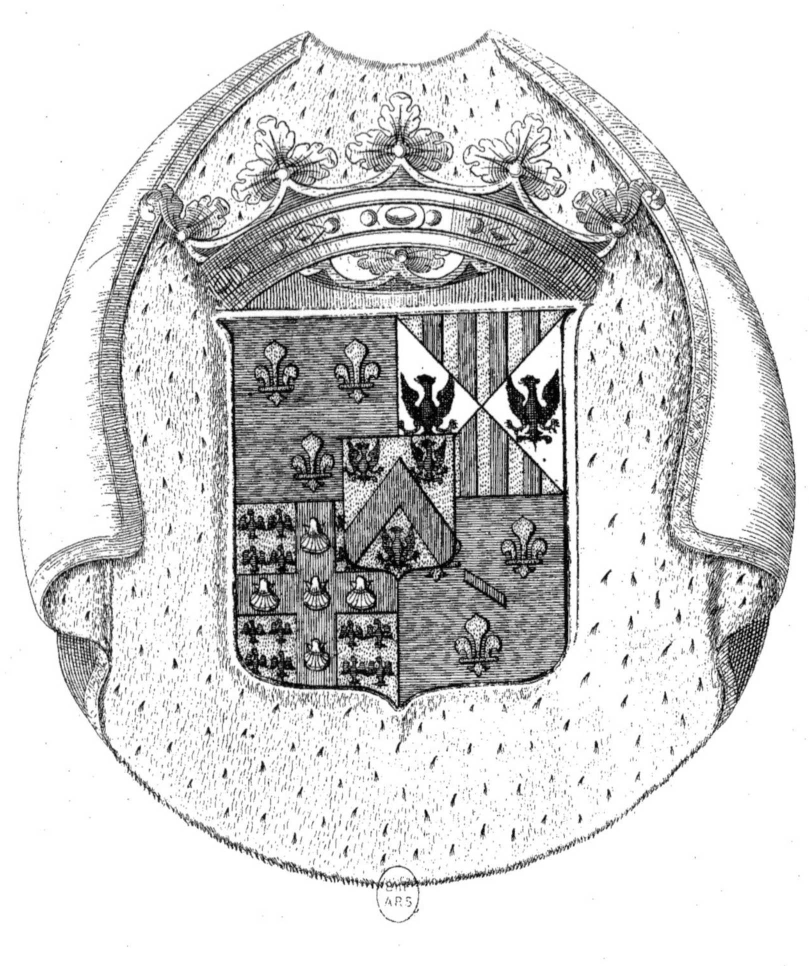

le Duc de Noirmoutier

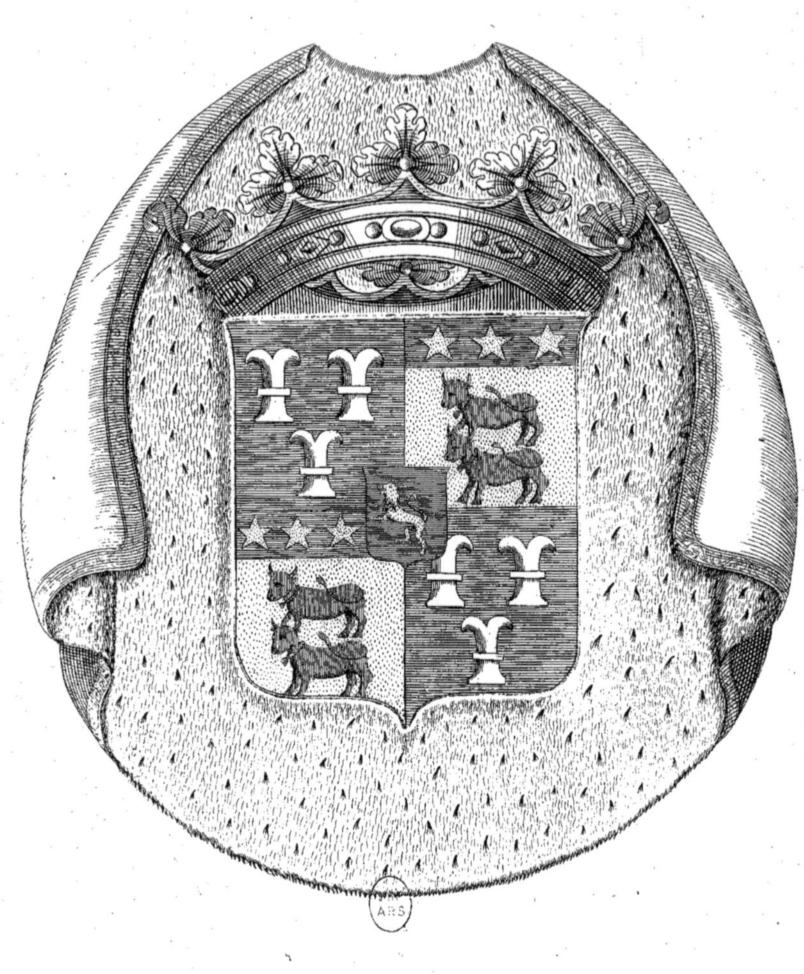

le Duc de Roquelaure

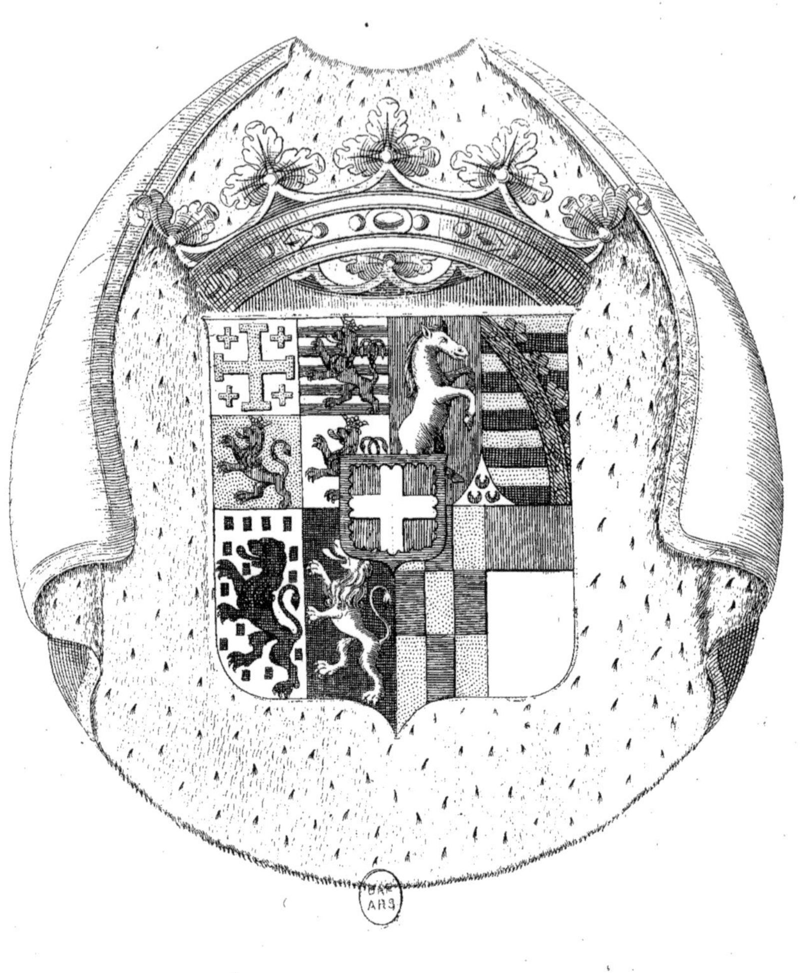

le Prince Emanuel de Savoie

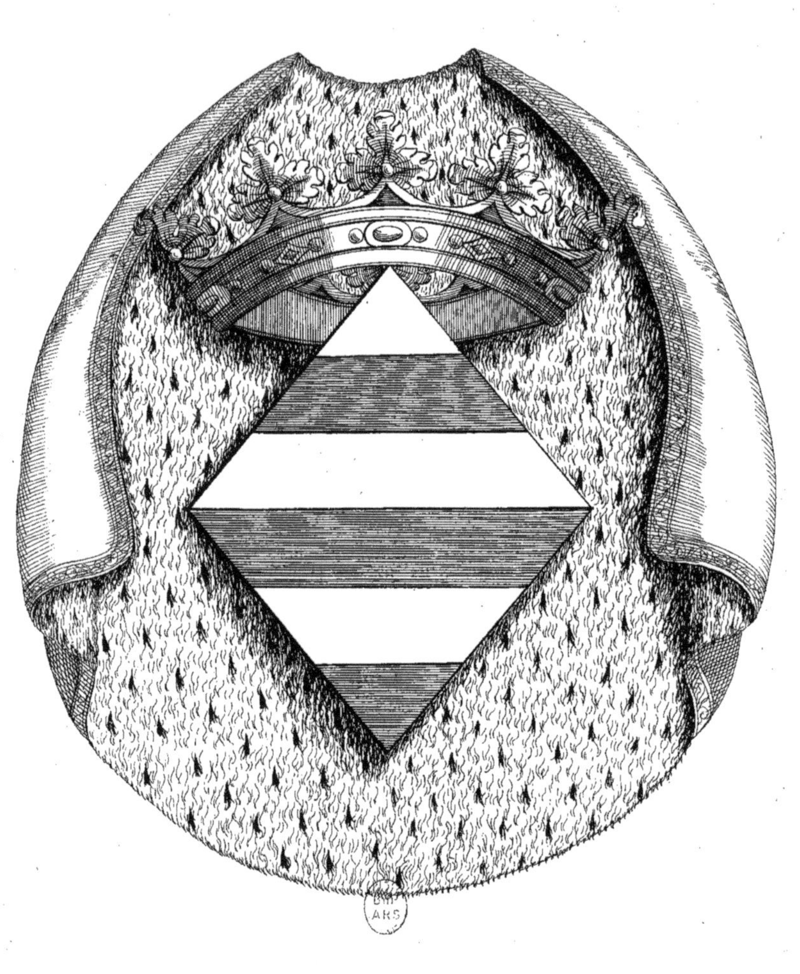

La Duchesse de Porsemout

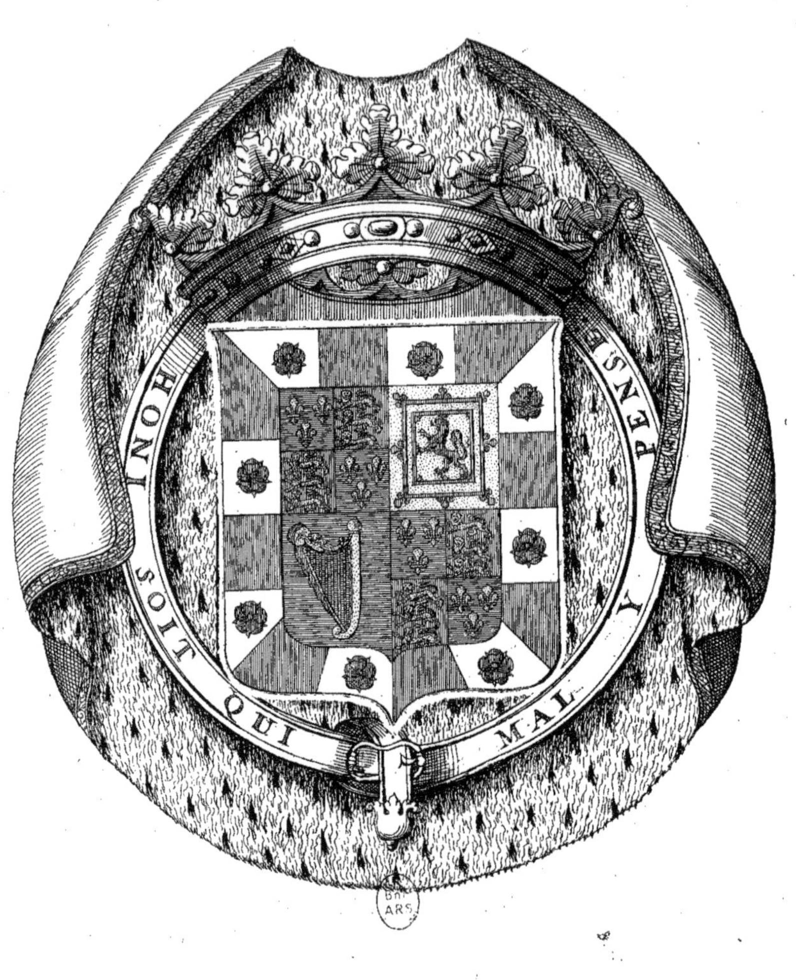

le Duc de Richemont

ARMOIRIES
DE CEUS QUI JOUISSENT DES HONEURS DU LOUVRE,
En Juillet 1722
Sans avoir de Duché en France.

Le Marèchal d'ETRE'ES.

Il est Grand d'Espagne.

Par une convantion faite en 1701. antre le Roi, & le Roi d'Espagne, les Ducs de France jouïssent en Espagne des privilèges des Grans; & les Grans d'Espagne jouïssent en France des honeurs du Louvre.

Le Marèchal de TESSE'.

Il ètoit Grand d'Espagne, & quoiqu'il ait cèdé la Grandesse à son Fils aîné, avec la permission des deus Rois, il jouït toujours des honeurs atachés à la Grandesse.

Le Conte de TESSE'.

Le Conte d'EGMONT.

Les Contes d'Egmont jouïssoient en France des honeurs du Louvre avant la Convantion de 1701.

Le Prince de ROBEC.

Il jouïssoit des honeurs du Louvre avant que d'être Grand d'Espagne.

Le Prince d'ISANGUIEN.

Le feu Roi acorda au Père du Prince d'Isanguien les honeurs du Louvre sa vie durant, & après sa mort le Roi les acorda au Fils.

Le Prince de TALEMONT.

Les Fils aînés des Ducs de la Trimouille jouïssent des honeurs du Louvre, & le Prince de Talemont, qui n'est que cadet, jouït des mêmes honeurs par une grace particulière du feu Roi.

Le Marquis de RUFEC.

En Janvier 1722. le Roi d'Espagne lui acorda la Grandesse : Il est second fils du Duc de S. Simon.

Le Prince de CHALAIS.

Il est Grand d'Espagne.

Le Conte de la MOTE HOUDANCOUR.

Il est Grand d'Espagne.

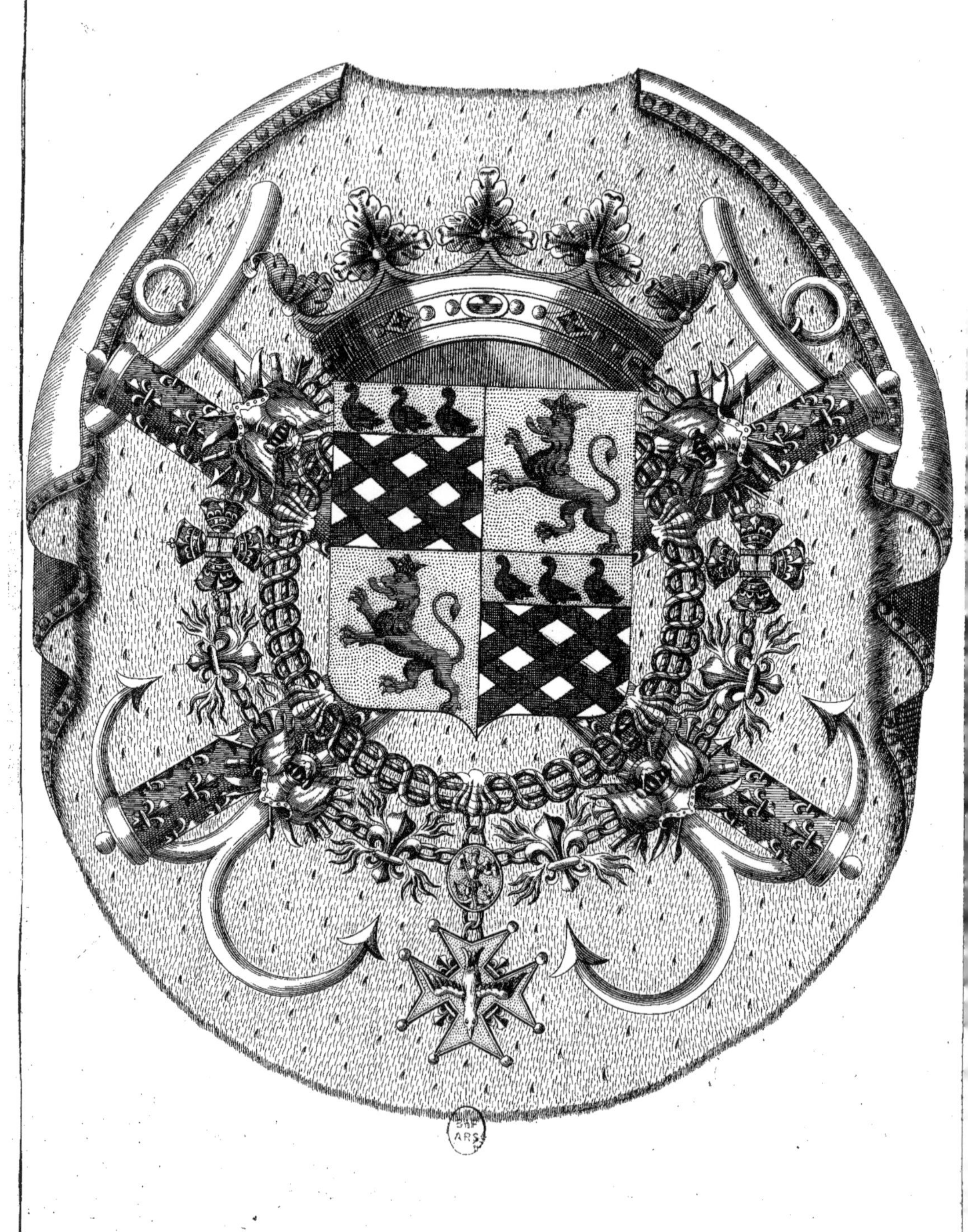

Le M^{al} d'E[illegible]

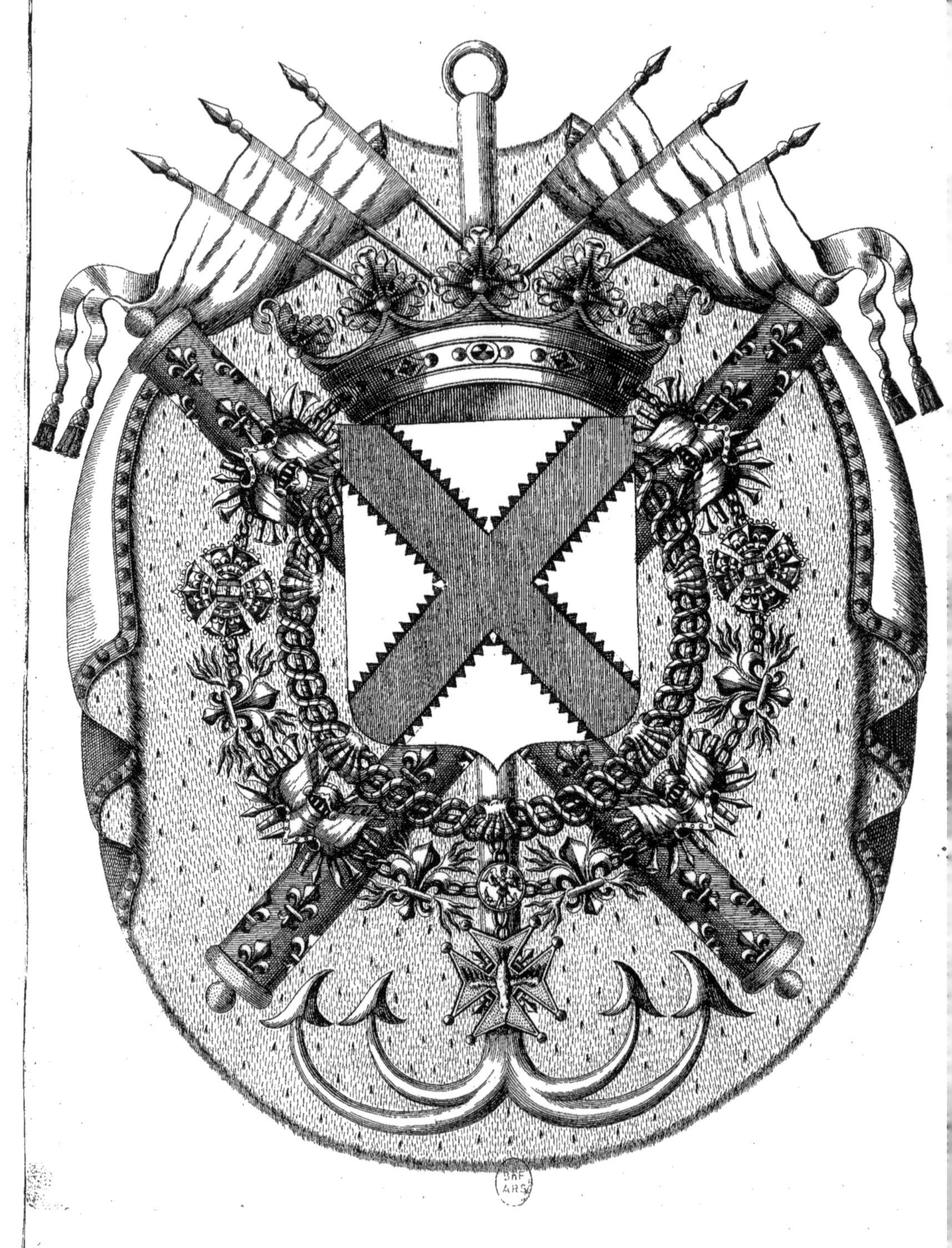

le Mal de Tessé

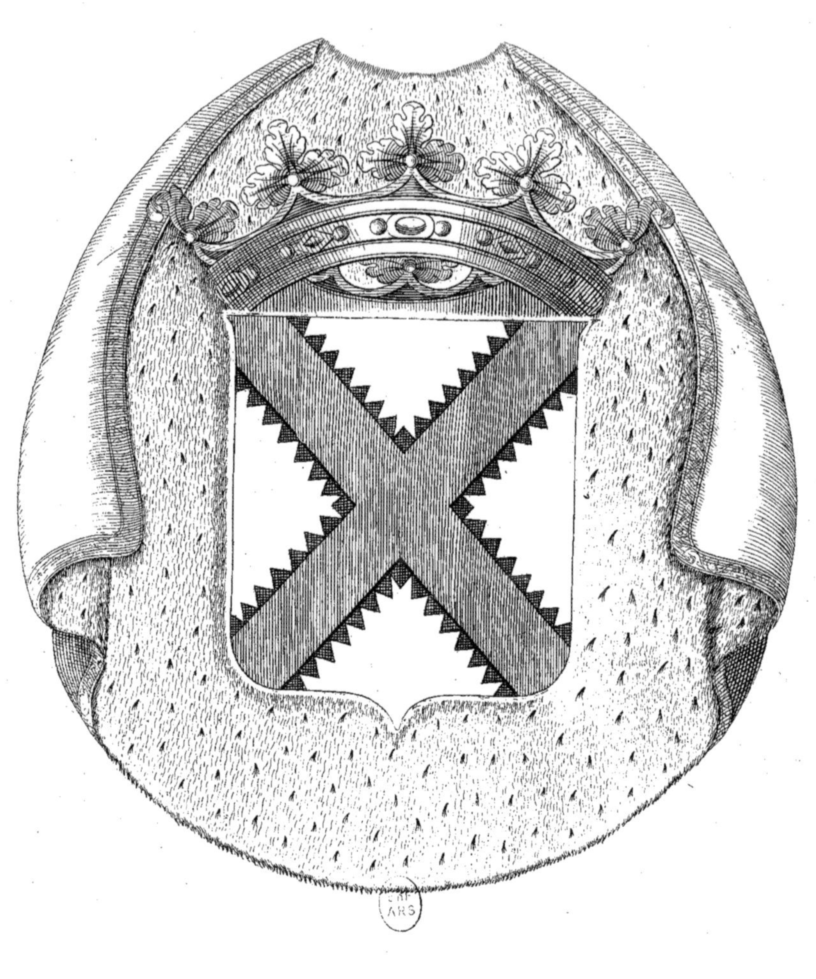

le Conte de Tessé

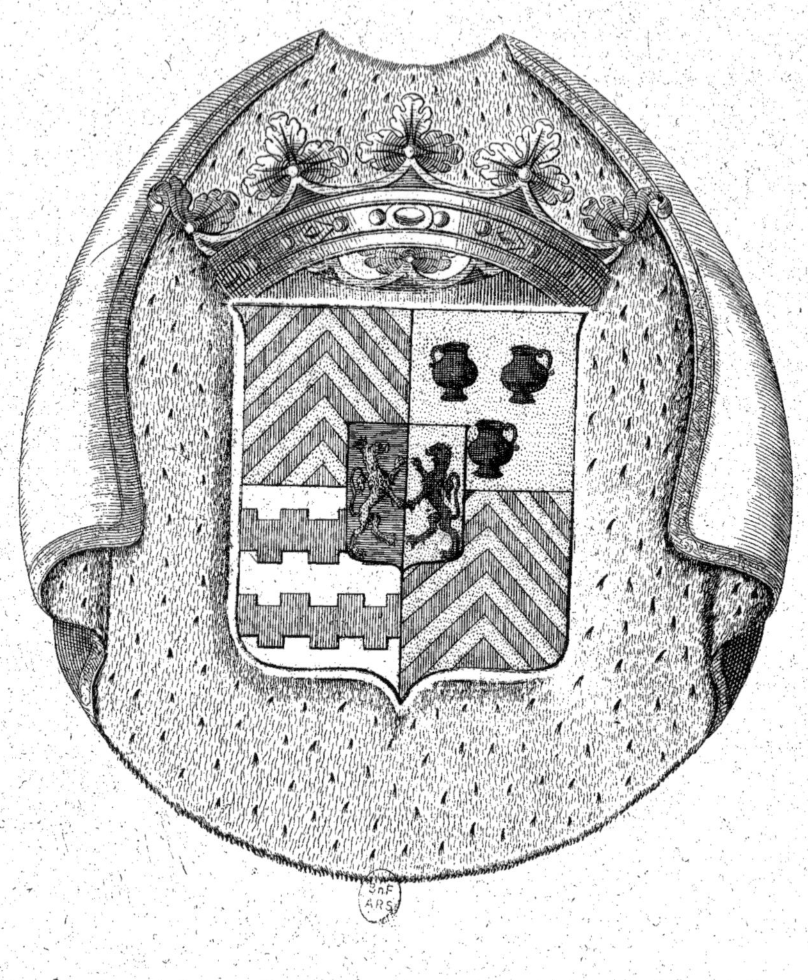

le Conte d'Egmont

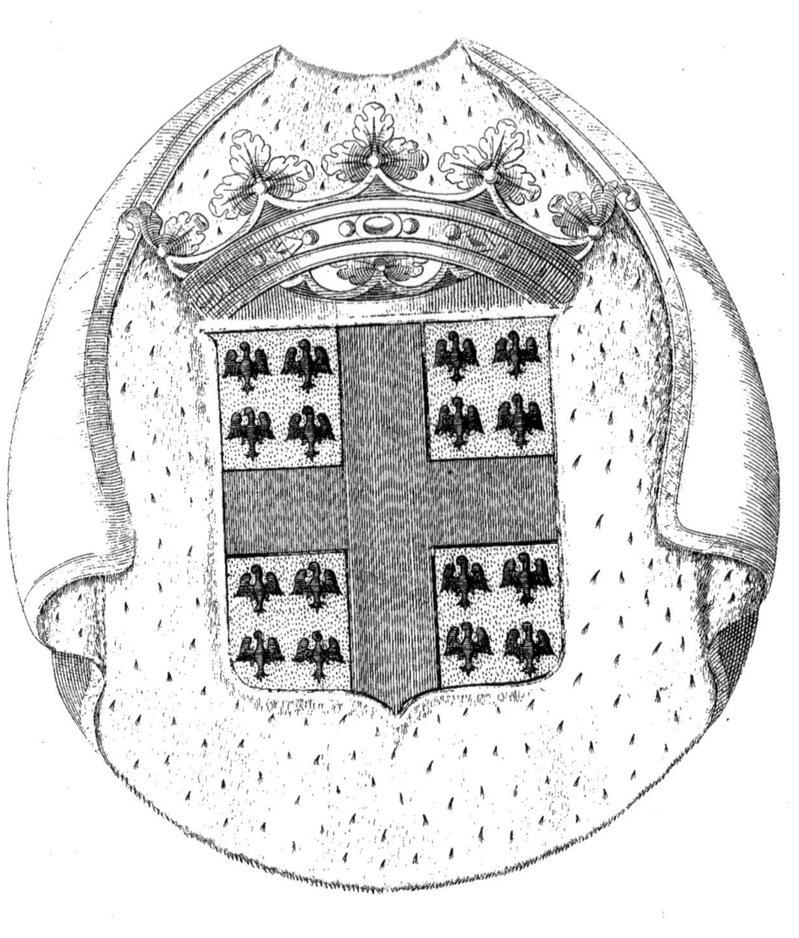

le Prince de Robec

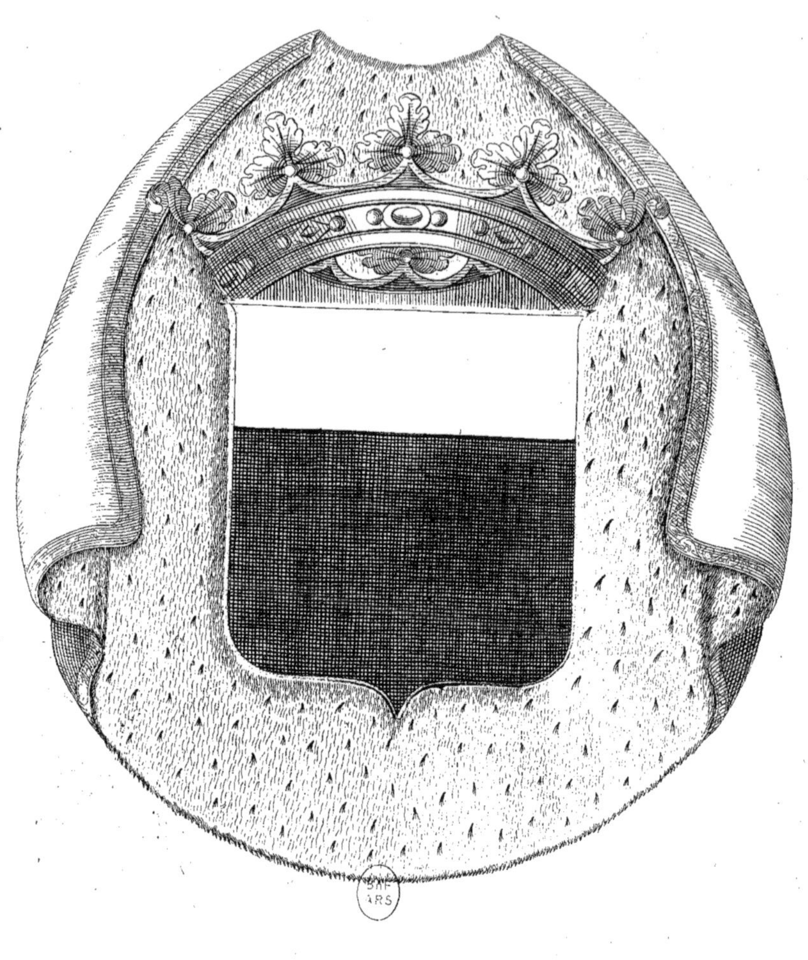

le Prince d'Isanguien

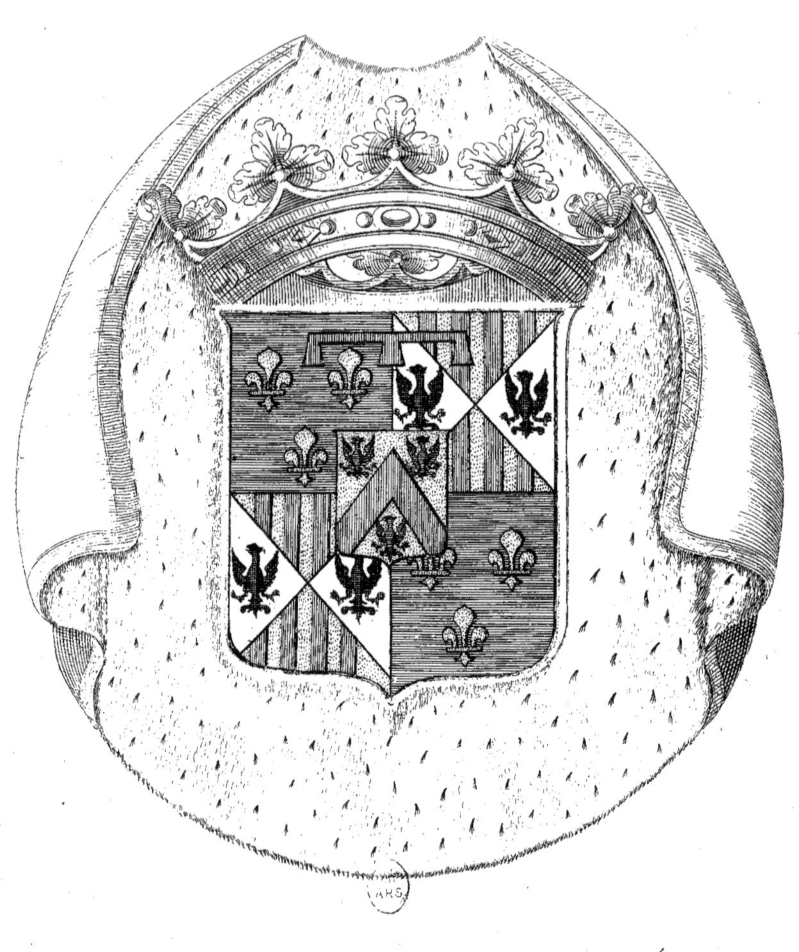

le Prince de Talemont

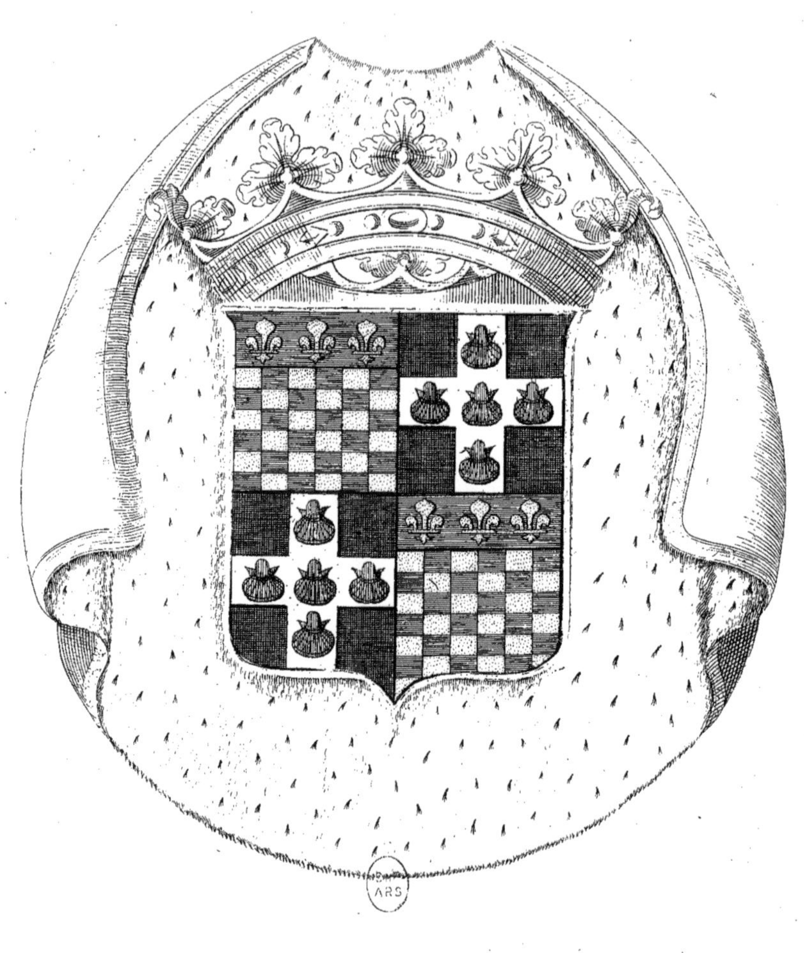

le M.is de Rufec

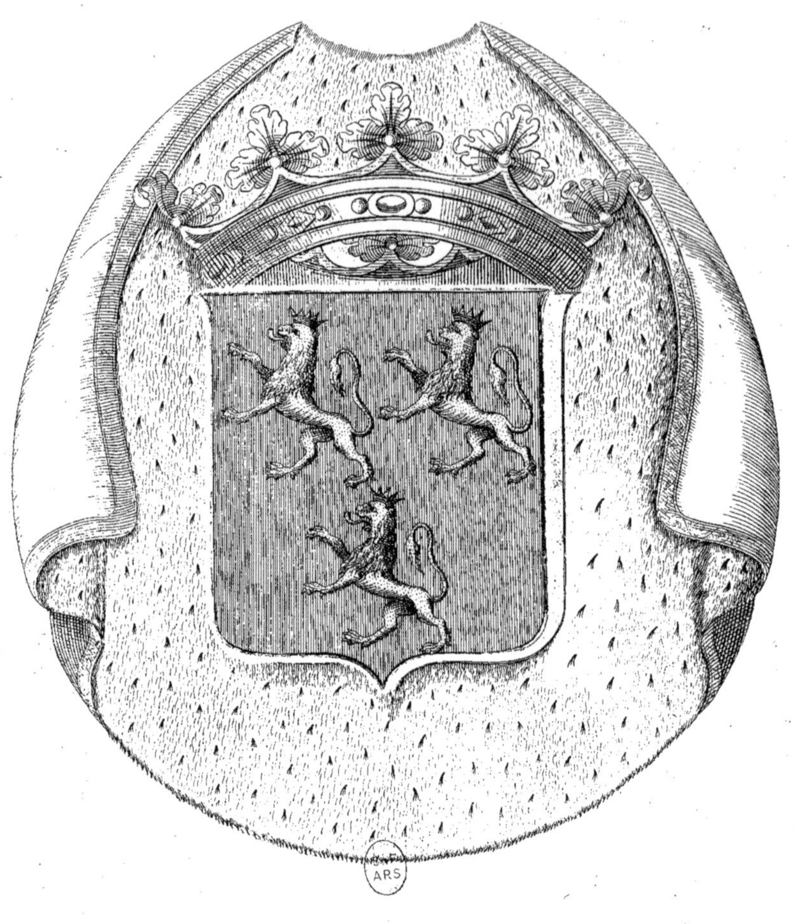

le Prince de Châlais

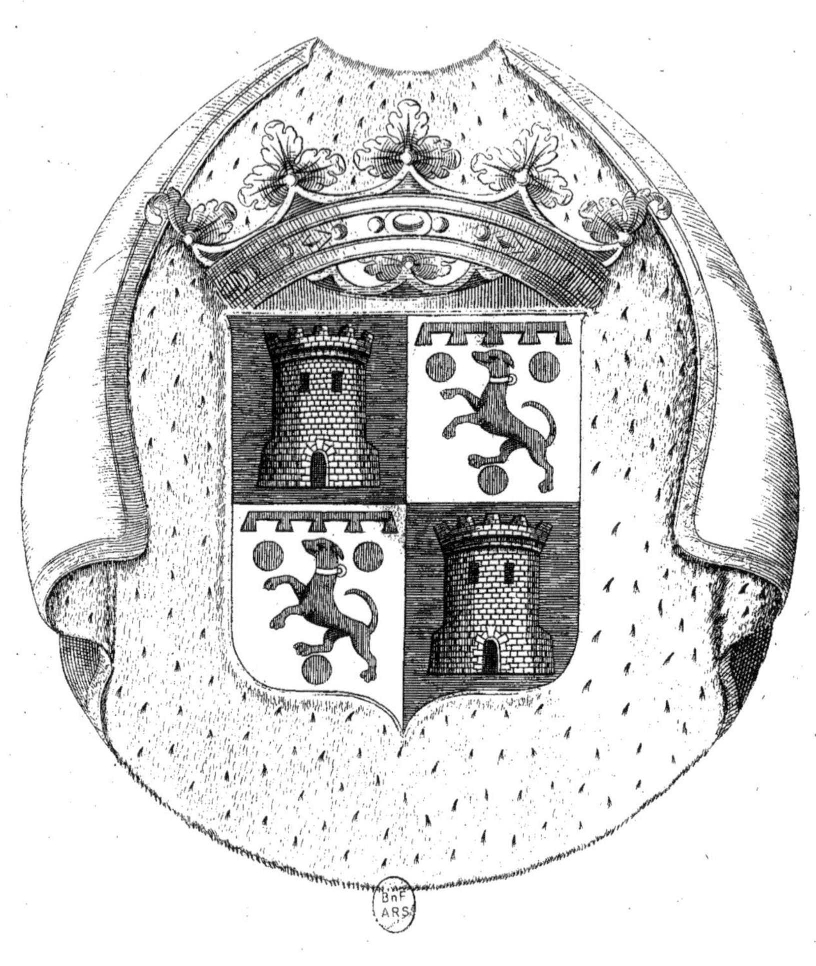

Le Conte de la Mote-Houdancour.

www.ingramcontent.com/pod-product-compliance
Ingram Content Group UK Ltd.
Pitfield, Milton Keynes, MK11 3LW, UK
UKHW022102190726
13855UKWH00002B/593

9 782013 078849